新NISA

「成長投資枠」で

バリュー投資の
億り人が教える

10日で学ぶ10年10倍株の探し方

1億円

DAIBOUCHOU

東洋経済新報社

はじめに

DAIBOUCHOU（だいぼうちょう）と申します。2000万円を元手に2000年5月に始めた株式投資歴はもうすぐ25年になります。

私の投資スタイルは、基本的には「割安成長株」を中心とした分散投資です。しかも、現物株式への投資を軸に足元を固めています。中長期投資で、デイトレードには手を出しません。なぜなら、自分自身がデイトレードに向いていないと思っているからです。デイトレードで成功するためには、需給を先読みできる特殊な能力が必要です。そのセンスは努力で身につけられるようなものではなく、恐らく先天的なものです。

したがって、私が株式投資で成功を収めるためには、需給の先読みではない別の方法で勝利の方程式を見つけなければなりません。それが、「収益バリュー株」と「資産バリュー株」に分散して、中長期保有するというスタイルだったのです。

収益バリュー株とは、業績に対して株価が割安と思われる銘柄のことです。「低ＰＥＲ（株価収益率）銘柄」とも言えます。

もちろん、いくら業績に対して株価が割安でも、将来的に業績のさらなる成長が期待できなければ投資しても儲かりませんから、業績をチェックして、そのビジネスが将来的に伸びる余地があるかどうかを自分なりに考え、期待値を計算しながら、ＰＥＲが10倍前後と割安なところを狙います。ＰＥＲ10倍前後で、年間の利益成長が10％以上を狙えるところを検討しています。これが「割安成長株」です。現在、こうして選んだ銘柄が、だいたい１２０銘柄程度あります。

株主優待目的で保有している銘柄もあります。こちらは「資産バリュー株」が中心です。つまり、その企業が保有している資産の価値に対して、株価が割安に放置されていると思われる「低ＰＢＲ（株価純資産倍率）銘柄」と言われている銘柄です。

こちらは株価の成長性よりも、とにかく大きく値下がりしない手堅さを重視しています。安心して長期保有でき、優待を受け取り続けるためのポートフォリオです。

この収益バリュー株と資産バリュー株を合わせた３００銘柄程度で、私の株式ポートフォリオが構成されています。信用取引の「二階建て」のような爆発的な増え方はしませんが、多少マーケットが荒れていても、ポートフォリオ全体の評価額は大きくブレないので、安心して株式投資と付き合っていくことができます。

もちろん過去を振り返れば山あり谷ありでしたが、現在、総資産額は10億円程度になりましたので、この投資スタイルは私に向いているのだと思っています。

本書では、私がどうやって株式投資で資産を増やしたのか、その方法をつまびらかにしたいと思います。と言いたいところですが、それでは切り口が他の株式投資本と同じになってしまい、何とも面白くありません。

そんなことを考えている時に、2024年1月から新NISAがスタートしました。そこで担当編集者から下された指令は、

「もしDAIBOUCHOUさんが、新NISAをフル活用して資産を10倍にするとしたらどうするのか、について書いてください」

というものでした。しかも、その指令にはおまけもついていました。

「10日で学べるように書いてください」

私のポートフォリオは日本株がメインです。ということは、日本株の現物でポートフォリオを

構築することになるので、新ＮＩＳＡの「成長投資枠」を使うことになります。成長投資枠は中長期保有でメリットが生かせるので、私が実践している「割安成長株」に「分散」して「中長期」で投資するスタイルに合っています。

成長投資枠で投資できる金額は、元本ベースで最大１２００万円です。もし10倍にできれば、1億２０００万円の資産を築くことができます。しかも、この利益に税金はかかりません。投資信託しか買えない「つみたて投資枠」と違って、10年で「億り人」になることも夢ではありません。これに年金が加われば、多くの人は老後の心配をせずに生活できるはずです。

「新ＮＩＳＡで1億円をつくる」

これを目標にして、本書を読んでみてください。

10日間の学習の流れ

本書では、新ＮＩＳＡの「成長投資枠」を最大限に活用するために必要な知識を10日で学べるように構成しています。ここでその内容を簡単に紹介します。

10日間の学習の流れ

1日目　成長投資枠のメリットを学ぶ
↓
2日目　伸びる会社のキホンを学ぶ
↓
3日目　高配当株・割安株の探し方を学ぶ
↓
4日目　割安成長株の探し方を学ぶ
↓
5日目　『会社四季報』の使い方を学ぶ
↓
6日目　株価指標のキホンを学ぶ
↓
7日目　チャートの使い方を学ぶ
↓
8日目　銘柄の入れ替え方を学ぶ
↓
9日目　株価暴落でも生き残る術を学ぶ
↓
10日目　つみたて投資枠の併用術を学ぶ

1日目　成長投資枠のメリットを学ぶ

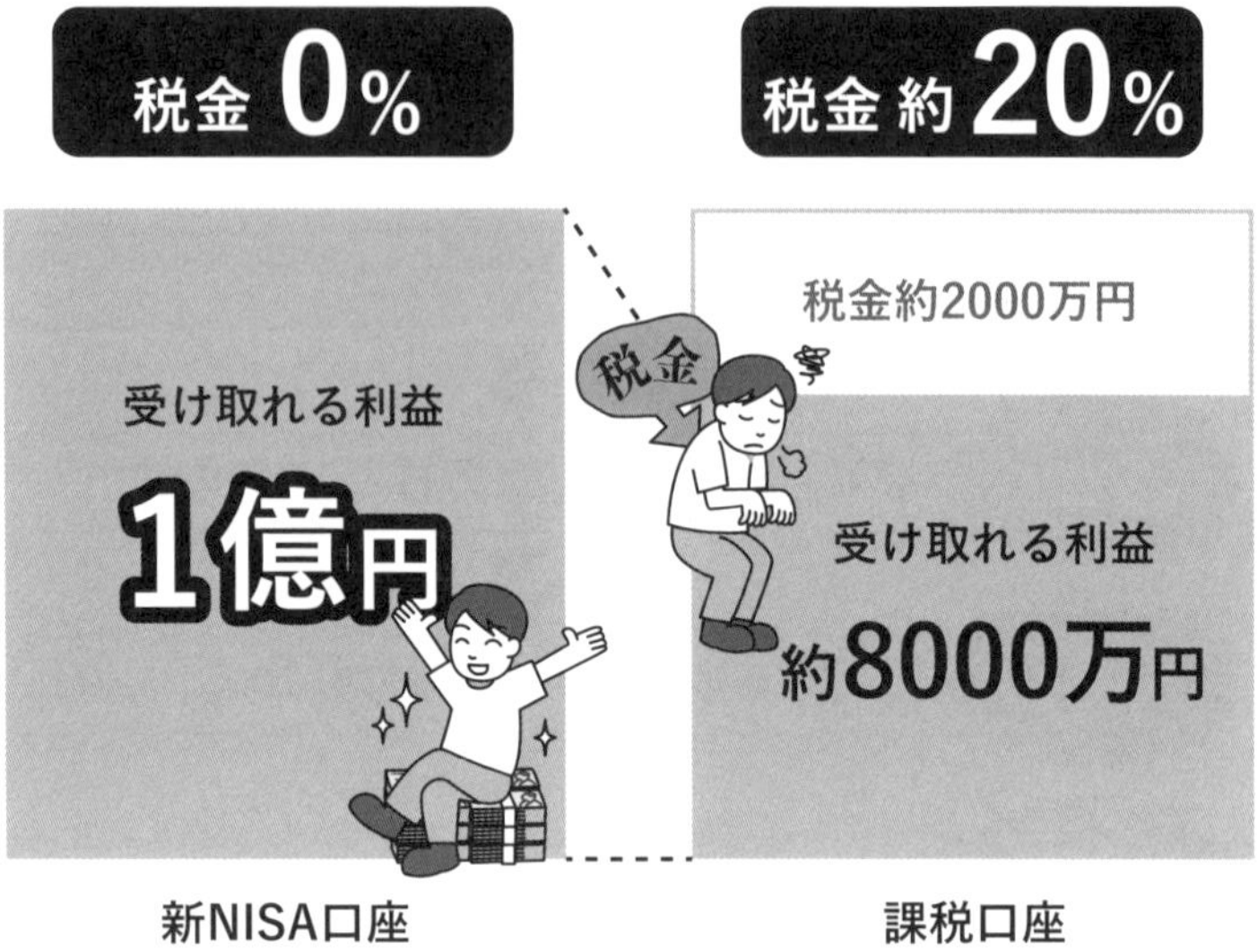

1日目は、新NISAの「成長投資枠」のメリットを説明します。

新NISAは、いくら利益を出してもずっと非課税です。課税口座で1億円の利益が出ると、約2000万円の税金が取られます。新NISA口座ならその税金が取られないのです。

しかも、投資信託しか買えない「つみたて投資枠」と違って、「成長投資枠」では、株式はもちろん、幅広い投資商品に投資できます。

ただし、成長投資枠には投資できる金額に上限があります。1年間で240万円、最大で1200万円です。

これから私たちが行うチャレンジは、この1200万円をどうにかして1億2000万円にすることです。

2日目　伸びる会社のキホンを学ぶ

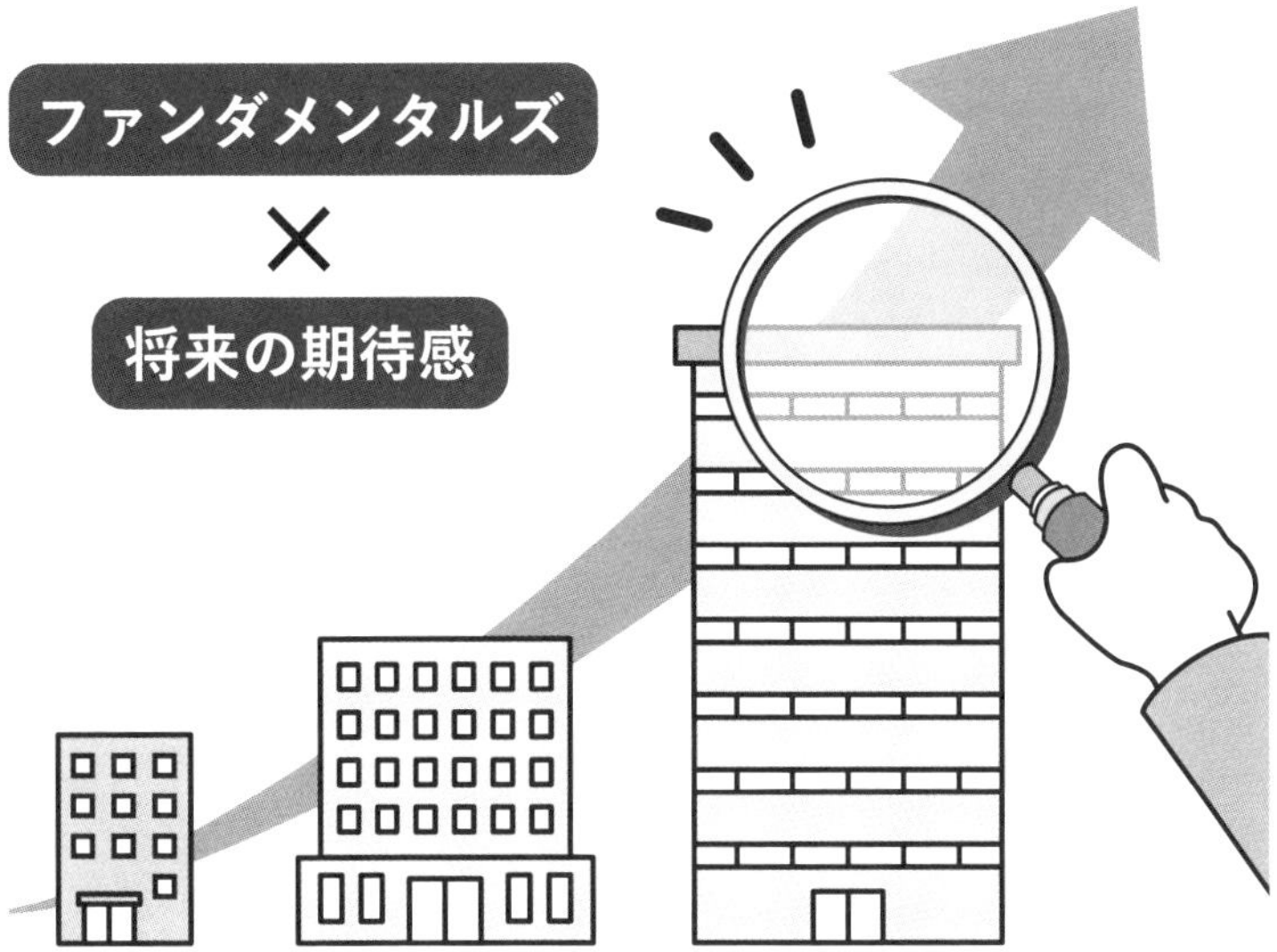

2日目は、伸びる会社のキホンを学びます。詳しい説明は後日に解説しますので、ここではざっくりとした全体像をつかみましょう。

成長投資枠のメリットを生かすなら、長い時間軸で「株価が上がり続ける会社」に投資できれば最高です。では、いったい何が伸びれば株価が上がるのでしょうか。会社の総資産でしょうか。それとも売上や利益でしょうか。

株価はファンダメンタルズと将来の期待感という2つの要素によって形成されます。なぜなら、株式市場に参加している大勢の投資家は、常に会社の株価を値踏みしているからです。

注目したいのは、その会社のROE（自己資本利益率）やROA（総資産利益率）などの財務指標、儲けのしくみ、そしてライバル会社にはない付加価値です。

3日目　高配当株・割安株の探し方を学ぶ

投資額　利回り
1200万円 × 6%
↓
配当
年72万円
月6万円

3日目は、成長投資枠で投資する株式の候補として、高配当株と割安株の探し方から注意点までを解説します。

リスクが少なく、インカムゲインを狙いたい投資家が好んで投資する銘柄は、配当性向が高い「高配当利回り株」です。

たとえば、成長投資枠の１２００万円を全額、６％の高配当株で固めれば、年間72万円の配当金を非課税で受け取ることができます。

資産は１億円に届きませんが、月額６万円で十分という方には魅力的でしょう。

また、キャピタルゲインを狙いたい人が好んで投資する「割安株」についても、資産バリュー株と収益バリュー株に分けて、その探し方から注意点までを解説します。

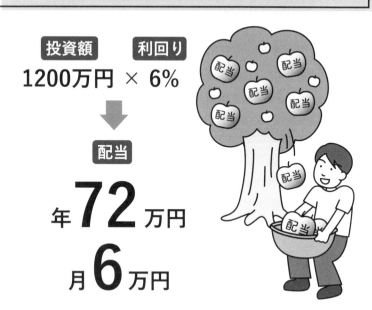

4日目　割安成長株の探し方を学ぶ

4日目は、安く買って、10年でテンバガーを目指す「割安成長株」の探し方から注意点までを解説します。

成長投資枠を使って株式投資をする場合、保有した株式の値上がり益を全額、無期限で課税対象外にできるのですから、その対象として成長株を選ぶのは理想です。

ただし、収益バリュー株に投資してテンバガーを狙うのは、かなり難しいと思います。でも、成長企業なら、10年、20年という時間をかけることによって、企業規模が10倍、20倍になる可能性は十分にあります。

これは、私が基本としている投資スタイルです。成長投資枠だけでなく、課税口座でも使えますので、しっかり理解してください。

5日目　『会社四季報』の使い方を学ぶ

5日目は、私流の『会社四季報』の使い方について説明したいと思います。

株式投資をすでにしている人であれば、わかっていただけると思いますが、投資家心理は、上昇相場の時ほど強気になり、逆に下落相場が続くと弱気になります。

結果、下落相場で、割安で放置されているお宝銘柄が目の前にあるのに、なかなか買えないという人も、けっこういるような気がします。

投資家心理にまどわされることなく、『会社四季報』を用いて有望な割安成長株を探す手順を具体的に説明します。

また、私がお宝銘柄を見つけるために、会社四季報オンラインをどのように併用しているかについてもお話しします。

6日目　株価指標のキホンを学ぶ

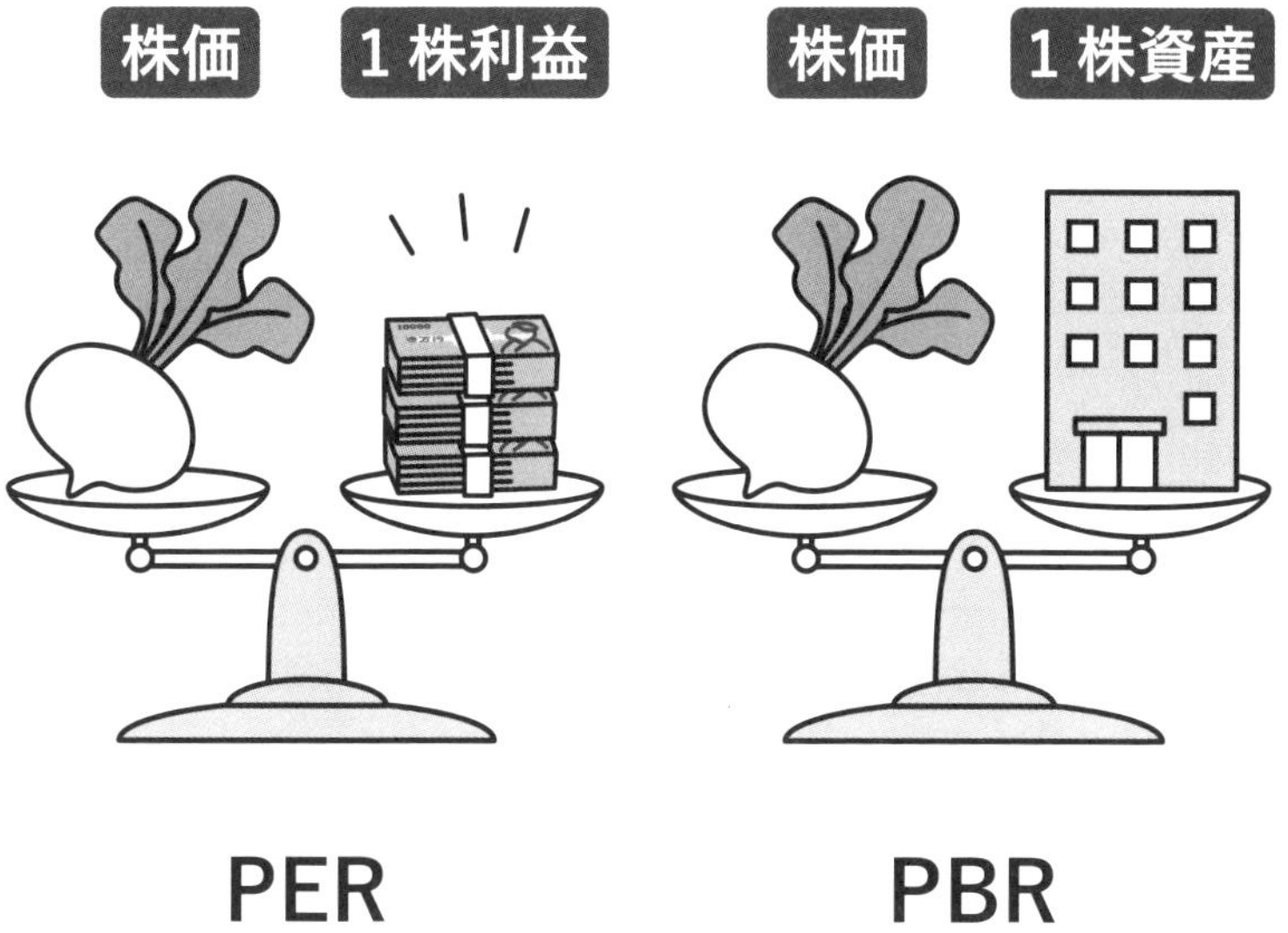

6日目は、割安成長株を探すために必要な株価指標について、PER（株価収益率）、PBR（株価純資産倍率）、ROIC（投下資本利益率）に絞って、少し深掘りして解説します。

投資家なら誰でも知りたいのが、検討している銘柄の株価が割高なのか、割安なのかでしょう。

それを探るために、株価指標があるのですが、同じ数字でも、国・地域別、市場別、業種別で特徴が異なります。しかも、投資家ごとに判断基準が異なります。

財務の本ではありませんから、投資家にとって必要なことがわかるように説明しますので、嫌がらないで、読んでください。

数字に強くなれば、他の投資家が気付かないお宝銘柄を見つけることができるはずです。

7日目　チャートの使い方を学ぶ

7日目は、割安成長株を探すために最低限必要な株価チャートの使い方についてお話しします。

私の株式投資で最も力を入れているのは、銘柄の調査です。

主に内需・ディフェンシブ関連銘柄で、徐々に利益を積み上げて成長し続ける会社を、業績の推移やPER、ROE、ROICといった株価指標などを組み合わせて探し出します。

その株価が割安の水準ならば買うし、割高ならば、この水準なら買ってもいいだろうと思えるところまで株価が値下がりするのを待って、投資するかどうするかを判断しています。

このような投資スタンスなので、『会社四季報』に掲載されている月足チャートを見れば、それでほぼ十分だと思っています。

8日目　銘柄の入れ替え方を学ぶ

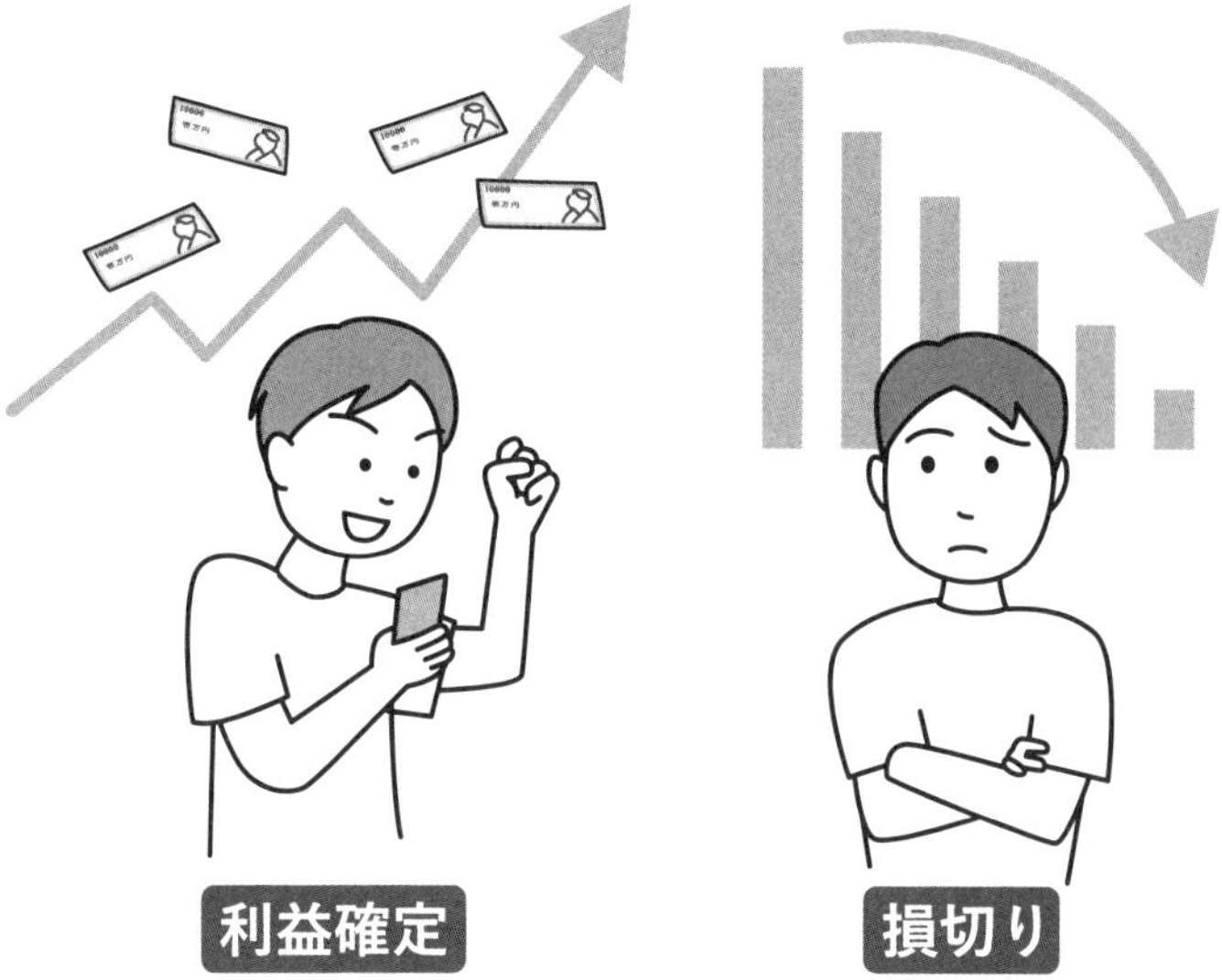

8日目は、成長投資枠の年間投資額の制限を踏まえて、利益確定の基準、損切りを考える基準、買い増す基準についてお話しします。

本書の基本戦略は、割安成長株を中心にして1200万円の成長投資枠を埋め、長期保有することで1億2000万円に増やすことですが、慎重に銘柄を選んだとしても、すべての銘柄の株価が10倍になるとは限りません。

成長するだろうと思っていた会社でも、残念ながら途中で成長が止まってしまったり、業績が急激に悪化したりすることは、ままあります。

成長投資枠だからといって、一度買ったらずっと持ち続ければいいわけではなく、想定以上に上がったら利益確定すべきですし、決算発表で継続的に業績が悪ければ損切りを検討すべきです。

9日目　株価暴落でも生き残る術を学ぶ

9日目は、株価が暴落した時の対策と心得を、私の経験を踏まえて解説します。

株式投資を長く続けていると、必ず株価が暴落する場面に出くわします。私自身、株式投資を始めてから今に至るまで、何度となくマーケットの暴落に直面しています。

株価の暴落に直面すると、多くの人はその時点で株式投資が嫌になります。新ＮＩＳＡで初めて株式投資を経験する人でなくても、株式市場から退出してしまう人が多いと思います。

株式市場から退出してしまっては、株式投資で資産を増やすことができなくなります。大事なのは、大暴落に直面しても、株式投資を続けることです。そして、暴落に直面した時、資産の大半を失わないようにすることです。

10日目　つみたて投資枠の併用術を学ぶ

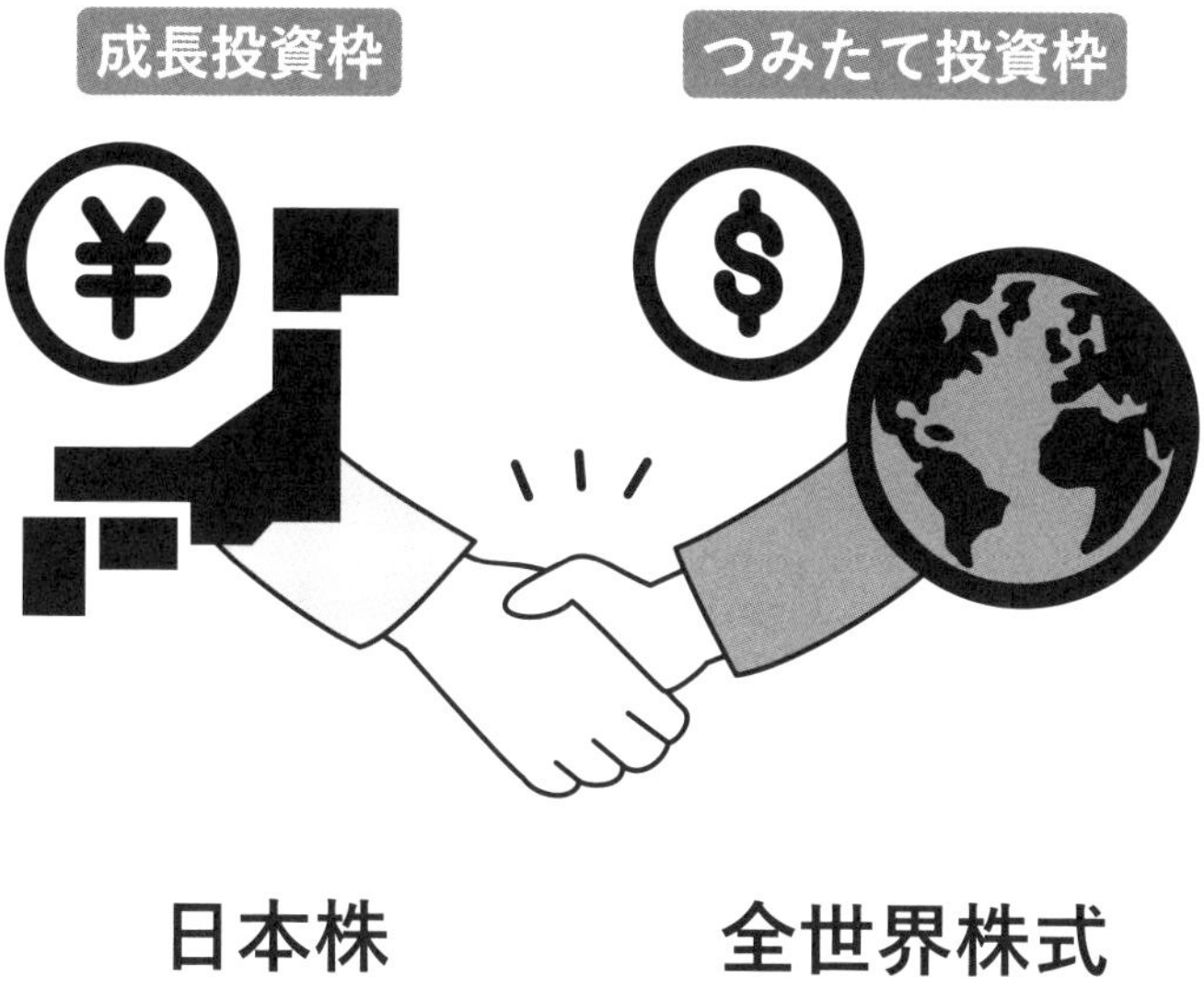

10日目は、リスク分散について説明します。

私は「つみたて投資枠」を、リスク分散という役割で活用すれば良いと考えています。1200万円の成長投資枠は、すべて日本株でポートフォリオを構築するのが前提ですから、良くも悪くも、そのリスクとリターンは日本経済、日本の株式市場の動向に左右されます。

そのような時に日本以外の国や地域の株式にも投資しておけば、日本の株式市場の下落リスクを、多少なりとも軽減できます。

したがって、つみたて投資枠でリスクを分散するのであれば、日本株以外の国・地域に投資する投資信託が候補、ということになります。

リスクの分散をしっかりすることが、1億円超えを達成する可能性を高めるのです。

目次

1日目 新NISA「成長投資枠」は、いくら儲けてもずっと非課税です!――33

2日目 伸びる会社の株を持ち続ければ損しません！――55

3日目

まずは高配当株・割安株を探しましょう！ ―― 87

4日目

ここからが本番！割安成長株を発掘しましょう！

5日目

投資情報は『会社四季報』だけで十分です！

6日目

PER、PBR、ROICはこれだけ理解すれば十分です！ —— 155

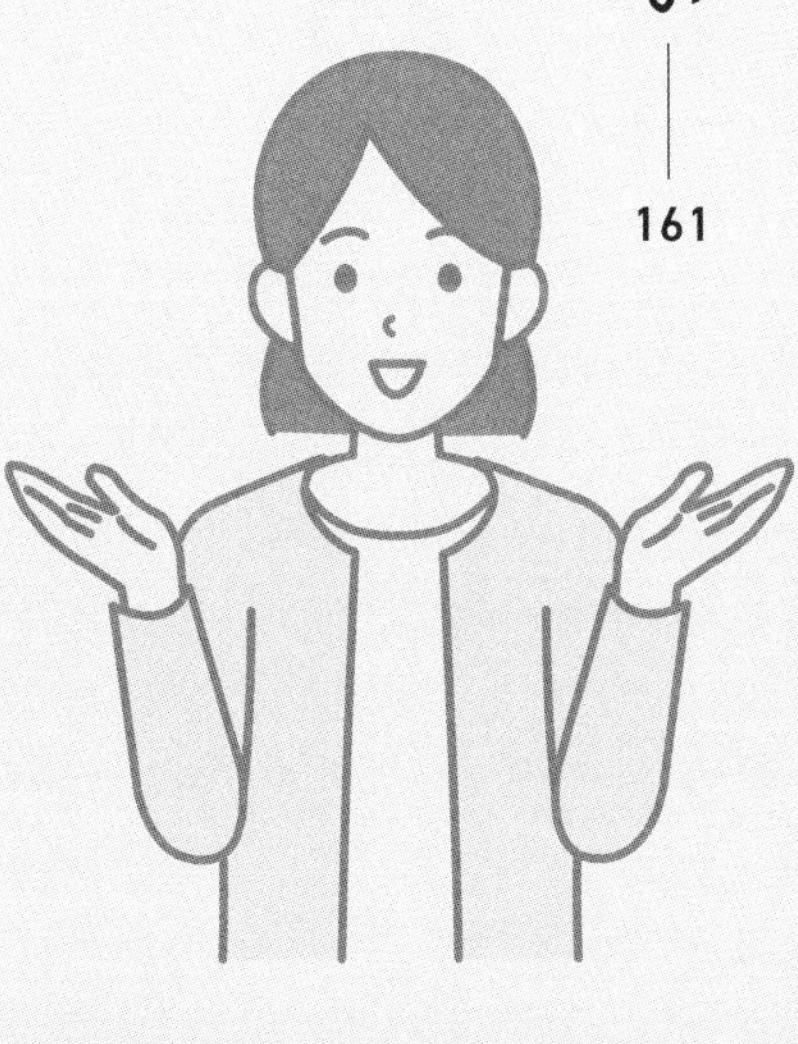

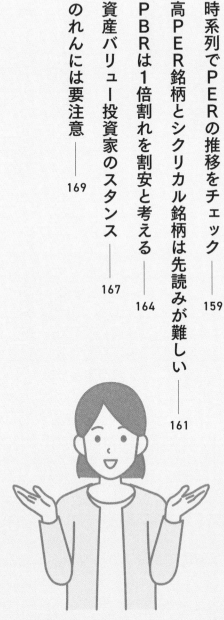

7日目

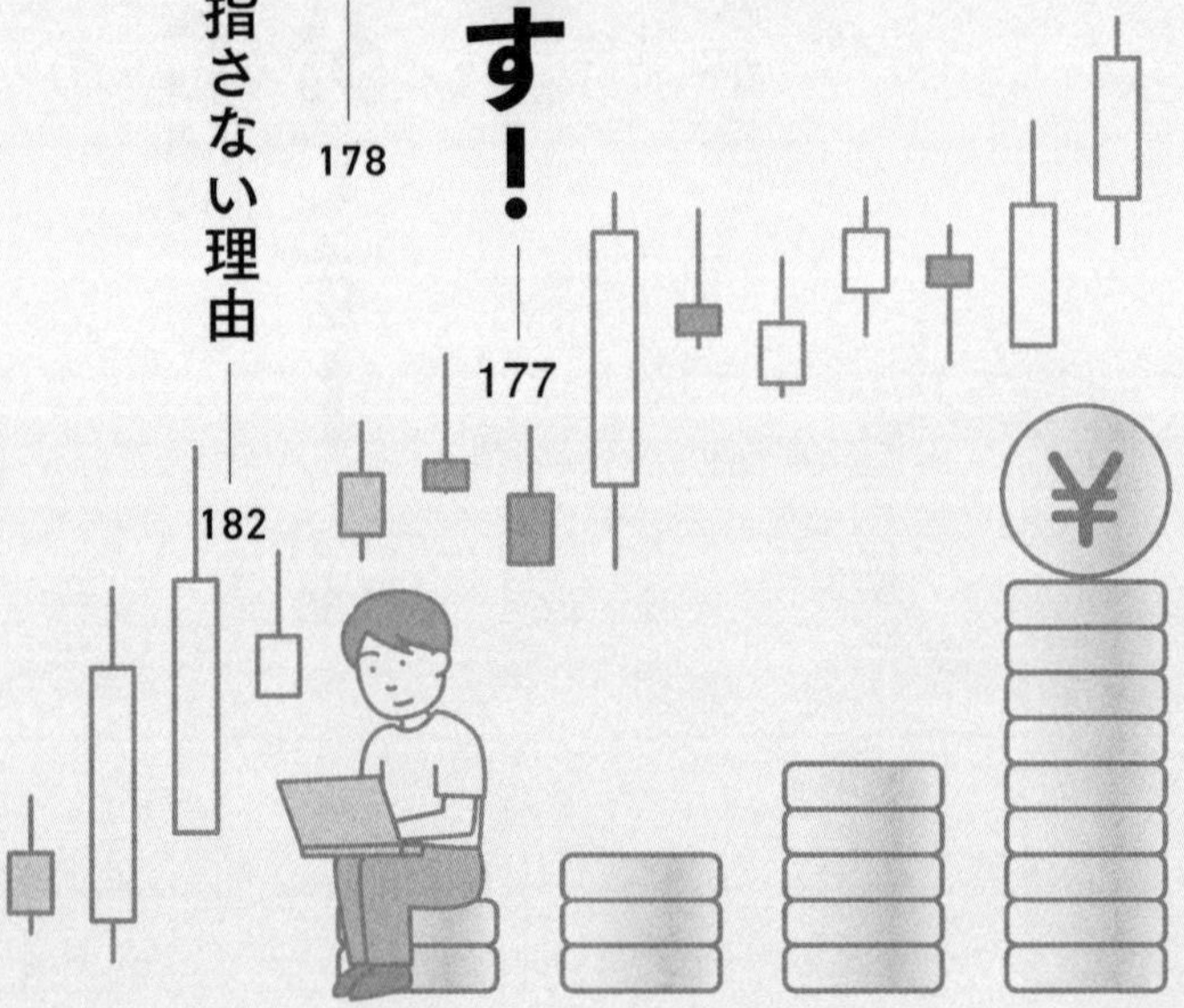

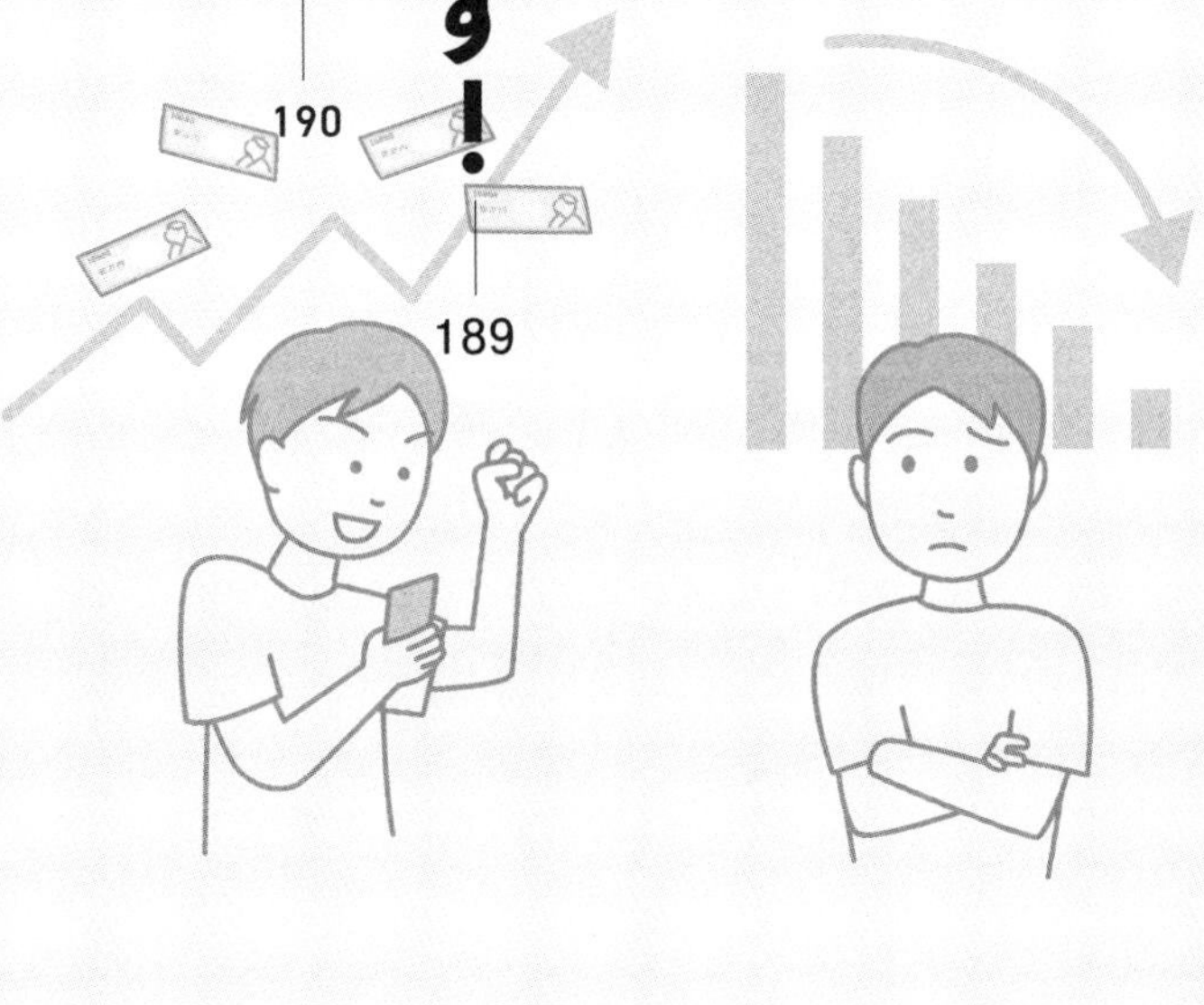

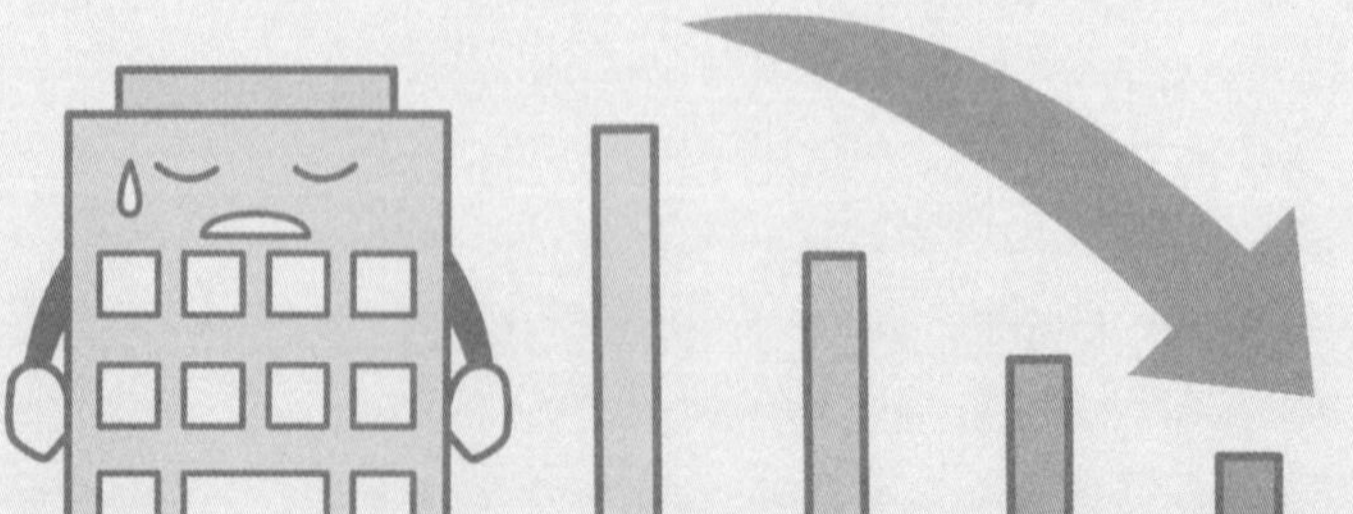

9日目

バブルが崩壊しても乗り越えてきたのが株式市場です！

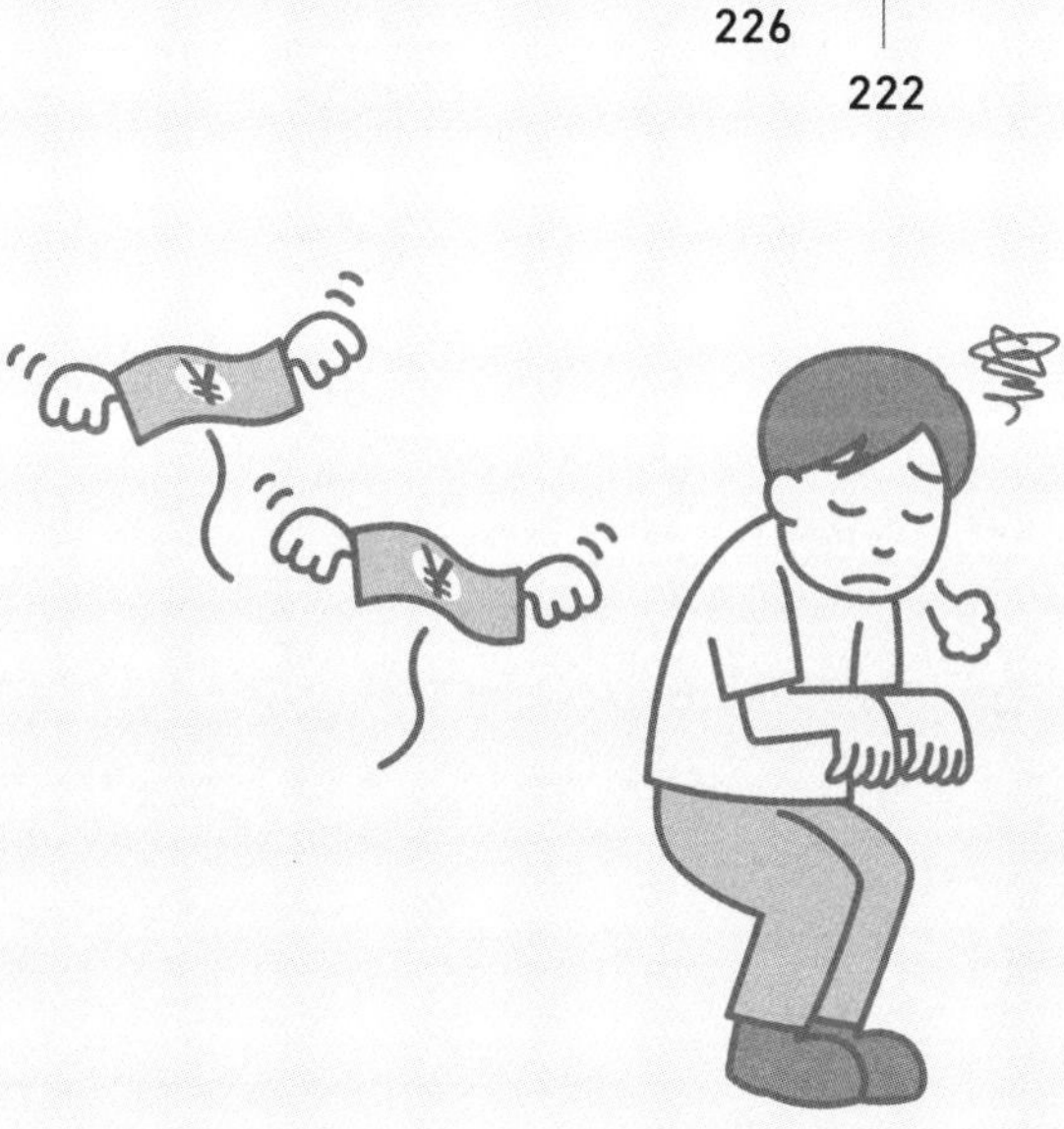

10日目

600万円の「つみたて投資枠」を上手に併用しましょう！

＊本書は株式投資をする際の参考となる情報提供を目的に、著者が自らの経験および独自に調査した結果に基づき執筆したものですが、確実な利益を保証するものではありません。投資に関する最終決定は必ずご自身の判断で行ってください。

＊会社名の後にある4桁の数字は証券コードです。本書を読み進める際に、パソコンやスマートフォンで、その会社の株価指標や株価チャートを確認して理解をより深めてください。

1日目

新NISA「成長投資枠」は、いくら儲けてもずっと非課税です！

成長投資枠とつみたて投資枠はここが違う

最初にはっきり申し上げておきます。本書を読まれる方は、ひとまず「つみたて投資枠」のことは考えなくてもけっこうです。**株式投資で資産10倍を狙ううえで、使える新NISAの枠は「成長投資枠」のみ**だからです。

つみたて投資枠は投資信託しか買えません。それも、投資信託会社が金融庁にお伺いを立てて、そのうえで金融庁が「それなら、まあいいだろう」などと言うかどうかはともかく、金融庁がつみたて投資枠を通じて販売しても良いと認めた投資信託以外は、この枠で投資できません。

その点、**成長投資枠はかなり幅広いものに投資できます。**もちろん株式も購入できますし、Ｊ‐ＲＥＩＴ（不動産投資信託）やＥＴＦ（上場投資信託）を買い付けることもできます。ただし株式は現物に限定され、かつ整理銘柄・監理銘柄に指定されたものは買えません。つまり「１カイ２ヤリ」のような、投機的な売買で得た利益を非課税にできないようにしているのです。

成長投資枠で買い付けられる金額には上限があります。１年間で２４０万円というのがそれです。と同時に、「生涯非課税枠」といって、新ＮＩＳＡの口座を開設した人が生涯にわたって利用できる非課税の枠には、上限が定められています。これが１２００万円です。これから私たちが

成長投資枠とつみたて投資枠の違い

	成長投資枠	つみたて投資枠
年間投資枠	240万円	120万円
保有限度額	1800万円（うち成長投資枠1200万円）	
運用期間	無期限	無期限
投資信託	○	○（金融庁の条件を満たすもの）
株式	○	×
ETF	○	○（金融庁の条件を満たすもの）
REIT	○	×

行うチャレンジは、この１２００万円をどうにかして1億２０００万円にすることです。

なお、これは補足に過ぎませんが、つみたて投資枠を通じて購入できる金額は1年間で１２０万円まで。新ＮＩＳＡ全体の生涯非課税枠が１８００万円なので、このうち１２００万円を成長投資枠で使うとすると、つみたて投資枠は最大６００万円までしか使えません。ただし、成長投資枠を使わずに、つみたて投資枠だけで投資すると、１８００万円まで積立投資ができます。

正直、ここが今ひとつ解せない点ですが、恐らく金融庁としては、積立投資を定着させることに重きを置いて制度設計を行ったのでしょう。

なお、新ＮＩＳＡは時限的な措置ではなく、今は完全に恒久化されました。かつてのように有期限だと、たとえば1年間、何もせずに放置してしまうと、１年分の使用枠を無駄にすることになりますが、今は１年間、何もしなかったとしても、制度が恒久化されているので、枠を無駄にせずに済みます。

また、**非課税期間も無期限化**されました。したがって、ある銘柄を購入して20年、あるいは50年保有して売却した場合、その間に生じた株式の配当金、そして値上がり益に対して、20・３１５％の税金を取られることはありません。

20・３１５％って、たとえば１２００万円を投資して１億２０００万円になったとすると、どれだけの額になるのでしょうか。計算してみましょう。元本との差額は１億８００万円なので、その20・３１５％は２１９４万２００円です。

ちょっとした家を買う時の頭金分が、税金として持っていかれてしまう計算になります。そう考えると、やはり新ＮＩＳＡは使うが勝ちになるのです。

大きな元手がない人のほうが向いている

こんなに便利な制度なら、短期で値上がりしそうな銘柄を探して、どんどん回転売買を行えば、あっという間に億り人になれるのでは、などと考える人がいても、全く不思議はありません。

でも、そんなに都合の良い制度を、そもそも少しでも税金を取りたい財務省が黙って見ているはずがないでしょう。実際、これが上手くできていて、**新NISAは大きな金額で短期売買を繰り返せない仕組みになっている**のです。

ただし、少額資金なら話は別です。これについては後で詳しく説明します。

まず、成長投資枠には年間240万円の上限が設けられています。この金額は元本ベースなので、投資した金額が240万円分までであれば、それから生じる収益に対する税金が非課税扱いになります。

仮に、1月に240万円分の株式に投資したとしましょう。目論見どおり、その銘柄の株価がぐんぐん値上がりして、同じ年の3月には500万円になったので、ここでいったん利益を確定させるために持ち株の一部を売却して、240万円の利益を獲得しました。

では、その240万円をどうしますか。できればすぐ、他の銘柄に240万円を投入して、1000万円くらいまで増やしたいところですが、そうは問屋が卸しません。

まず、1月の時点で240万円という非課税枠を目いっぱい使って投資していますから、その年にもう一度、買い直せるだけの枠が残っていません。つまりこの年はもう成長投資枠を使って投資することはできないのです。

では、いつから投資できるのか、ですが、翌年以降になります。3月に売却して利益確定した

非課税枠の再利用のルール

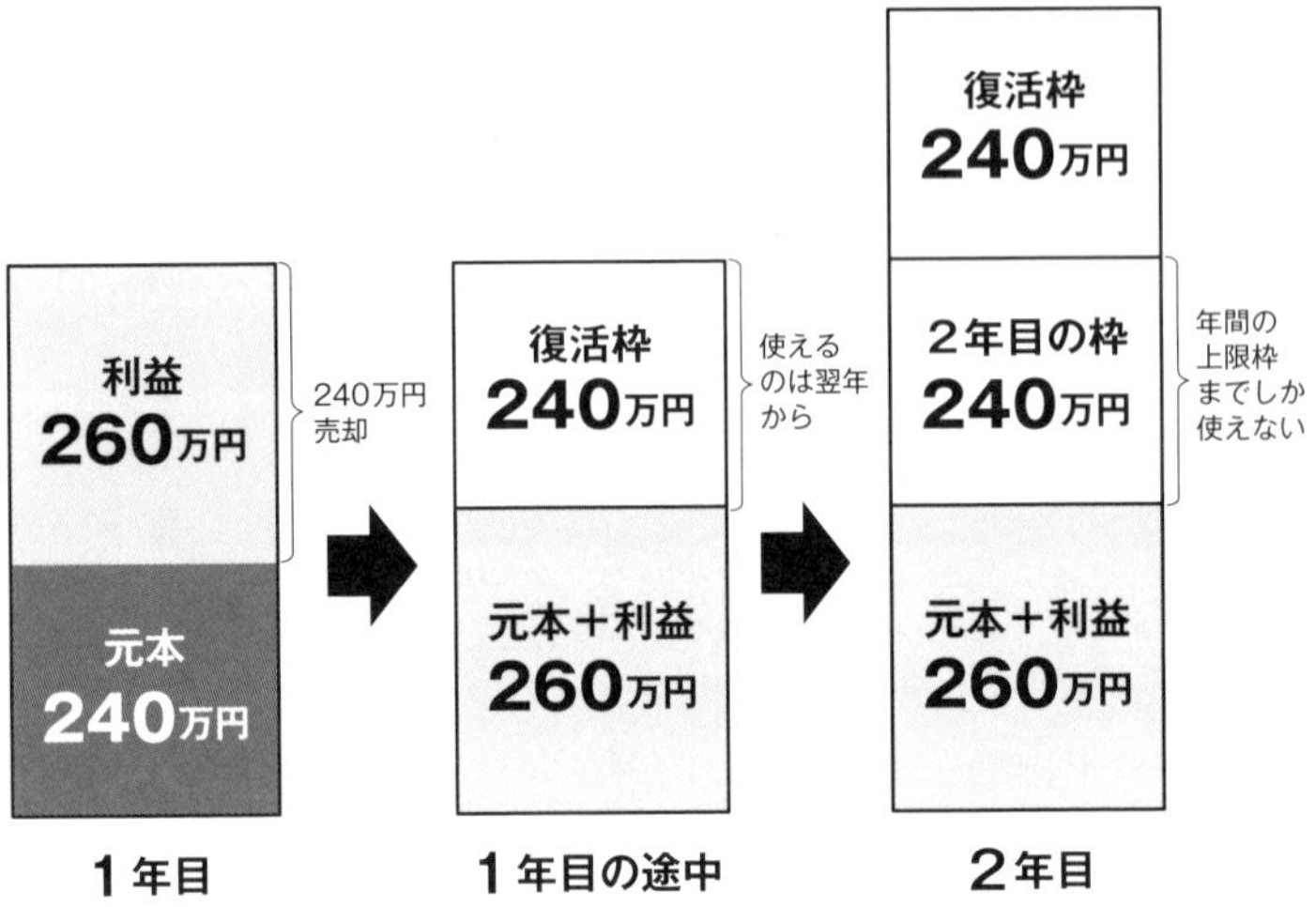

とすると、そこから10カ月もの期間を空けた翌年1月以降にならないと、成長投資枠で新たに投資することは認められません。

ここでありがちな誤解は、「前年に240万円を売却したのだから、今年は昨年売却した240万円分の枠が空いている。今年はその240万円に今年の非課税枠を上乗せした480万円分を使える」というものです。そう考えてしまいたくなる気持ちはわかります。

でも、残念ながらこれも認められていません。もしこれが認められるなら、昨年3月に売却して得た240万円と合わせて、480万円を成長投資枠に投入できることになりますが、今年1年間、投資できる金額も、あくまでも240万円が上限になるのです。

したがって、大きな金額にして回転を効かせることもできません。たとえば毎年240万円ずつ個別銘柄に投資したとして、途中で全く売却をせずに、ひたすら投資元本を積み上げていくと、5年間で1200万円の成長投資枠を満たすことになります。

その1200万円が、3600万円になったところで売却し、利益を確定させると、次に投資できるのは再び240万円までになってしまうのです。

そうなると、3600万円のうち240万円までしか成長投資枠で投資できないため、3360万円が行き場を失ってしまうことになります。

とはいえ、現金のまま持ち続ければ、インフレによってお金の価値がどんどん目減りしてしまいますから、結局のところ税金には目を瞑って、課税口座で運用することになります。このように考えると、成長投資枠は大きな金額で回転を効かせるような投資には全く向かないと、結論づけるしかありません。

でも、**少額資金なら売買の回転を効かせることができます。**

たとえば240万円を投資した場合、少なくとも1年に1回の頻度で、買って売ることができます。利益確定で売却した後は、そのうち240万円をまた翌年の投資に回せばよいのです。

もう少し投資金額が小さければ、年に数回、売買を繰り返すことができます。

たとえば1銘柄の投資金額を60万円に抑えれば、240万円÷60万円＝4回ですから、年に4

回、買って売って利益を確定させることができます。しかも、4回買う銘柄は、バラバラでも良いですし、同じ銘柄を買って売ることを繰り返すこともできます。

1銘柄の投資金額を30万円に抑えられれば、このような取引を年7回繰り返すことができますし、もっと極端な話、1銘柄の投資金額を10万円に抑えられれば、1年で24回、買って売るを繰り返すことができるのです。大きく儲けることはできませんが、お小遣い稼ぎくらいは十分にできるでしょう。

あとは、これらの短期売買で稼いだお金を、年間120万円までの非課税投資が認められているつみたて投資枠を用い、オール・カントリー的な国際分散投資型の投資信託で運用しておくという手も考えられます。

もし、退職金などでまとまったお金があるなど、成長投資枠の上限である1200万円まで投資元本を早く積み上げたいという人は、本書でこれから解説する**「割安成長株」を中心にして1200万円のポートフォリオを構築し、そこから先は、それを維持しつつも、必要に応じて部分的に銘柄を入れ替えるという戦略**が取れます。

保有している株式のうち5分の1（240万円）を毎年入れ替えることができるので、デイトレードを生業にでもしていない限りは、それほど不便は感じないでしょう。

PBR1倍割れ銘柄は株価が大きく下がらない

では、徐々に本題へと入っていきましょう。成長投資枠の非課税限度額である1200万円で目いっぱい、株式に投資したとします。これを10倍にするためには、どのような銘柄を買えば良いのでしょうか。

2023年は、圧倒的にバリュー株投資が優位な1年でした。その理由は、2023年3月に、東京証券取引所が市場改革の一環として、PBR（株価純資産倍率）が1倍を割り込んでいる企業に、現在の水準を引き上げるうえで必要な、具体的な方法を開示するように求めたのです。

その対象はプライム市場とスタンダード市場に上場している企業です。2024年5月現在、プライム市場には1650銘柄、スタンダード市場には1603銘柄の計3253銘柄が上場されていますが、当時、PBRが1倍を割っている銘柄は約1800銘柄にものぼりました。今でも1500銘柄以上がPBR1倍割れですが、それでも2023年4月時点に比べれば、だいぶ減っています。

こうしたPBR1倍割れの割安株は、成長投資枠での投資に向いているでしょうか。

割安銘柄の良いところは、大きく株価が下がらないことです。もちろん、全く下がらないということではないのですが、後述する高成長銘柄などに比べると、大やけどをするリスクはだいぶ低いと考えて良いでしょう。

株価が大きく下がらない点は、特にこれから新NISAを使って株式投資を始めてみようと考えている人たちにとっては、何よりも美点でしょう。初めて株式投資にチャレンジする人たちが一番怖がっているのは、株価の値下がりリスクだからです。この点、PBR1倍割れの割安株は、株価が下落してPBRがさらに割安になると、バリュー投資家が株価の反発を期待して逆張り投資をするため、その銘柄の株価は大きく下がらなくなります。

ただし、株価が下がりにくいということは、逆さに捉えれば、株価が上がりにくいということでもあります。

たとえばJパワー（9513）のPBRは、2024年5月2日時点で0・41倍です。株価は2020年末を底値に上昇しているとはいえ、上昇ピッチが鈍く、2017年11月9日につけた高値、3475円を抜けずにいます。

王子ホールディングス（3861）もPBR0・59倍という割安銘柄ですが、株価は2019年から2024年5月2日まで、ボックス圏での推移となっています。

いわゆる「バリュートラップ」ですね。株価が割安な銘柄が、割安のまま放置されている状態をこのように言うのですが、前述したように、東証がPBR1倍割れ企業に対して、それを改善す

PBR1倍割れなのに割安のまま

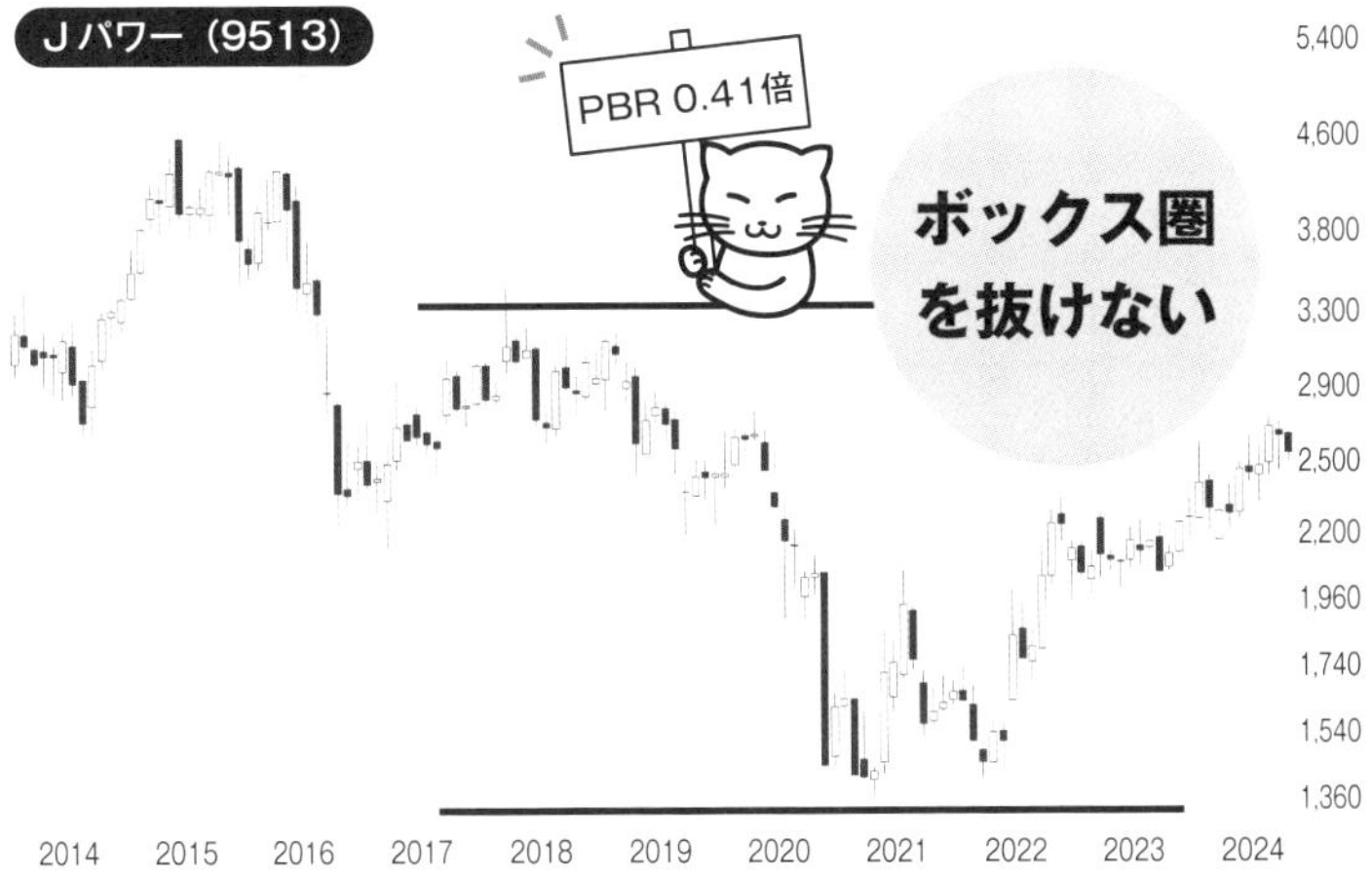

（出所）会社四季報オンライン。

るための勧告を出したにもかかわらず、1500銘柄以上、PBR1倍割れの状態にある点からも、日本にはバリュートラップの銘柄が多いと考えられます。

では、**私が、バリュートラップが多くても、どのような割安銘柄なら成長投資枠で投資しようと思うのかというと、株主優待銘柄です。**

インデックス型投資信託を上回るリターンは必要ありません。もちろん、そのくらい値上がりしてくれれば、それはそれで良いのですが、高望みはしません。値上がり益についてはインデックス並みが実現すれば十分です。

そのうえで株主優待があって、**株主優待込みの総合利回り（配当利回り＋優待利回り）が5％程度ある銘柄をターゲットにします。**総合利回り5％は、仮にこの銘柄が塩漬け状態になったとしても、

「まあ、それでも総合利回りで５％が非課税でもらえるなら、今の金利水準に照らしてみて、十分に説明がつくだろう」という水準です。

総合利回りが毎年５％もあって、かつ自分が欲しいと思える株主優待ももらえるのであれば、成長投資枠に放り込んだままにしておいても、納得できます。

ただし、１２００万円を１億２０００万円にするほどの起爆力はありません。

ハイパーグロース銘柄は失敗が多い

かといって、株価10倍のテンバガーを狙って成長株に投資するのも、銘柄選びがけっこう困難です。

たとえば、ＭｏｎｏｔａＲＯ（３０６４）の株価は、２０１２年１月時点では50円前後だったのが、２０２１年２月22日には高値３４７０円をつけました。何と９年間で69倍超にもなったのです。

エムスリー（２４１３）は、２０１０年１月時点で１３０円前後だったのが、２０２１年１月８日には１万６７７５円まで上昇しました。11年間で82倍です。

ハイパーグロース銘柄は上げ下げとも激しい

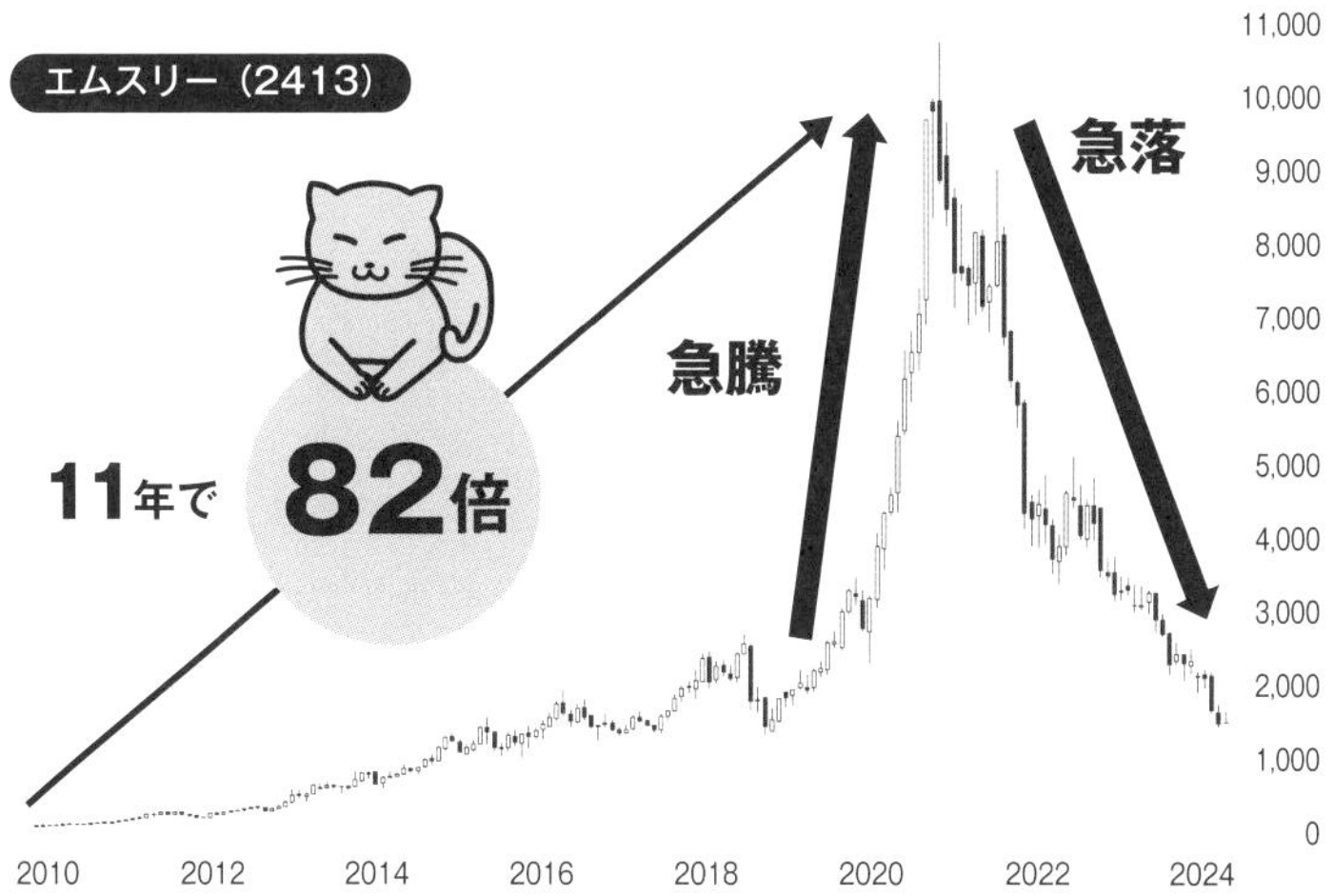

（出所）会社四季報オンライン。

このように、企業の成長と共に株価が飛躍的に値上がりする銘柄を「ハイパーグロース銘柄」などと言うのですが、このように**何十倍にも値上がりする銘柄を一発勝負で当てにいくのは極めて難しい**作業です。何しろ東京証券取引所には、プライム市場とスタンダード市場だけで３２５３銘柄もあるのです。ここからハイパーグロース銘柄を発掘するのは、確かにロマンに溢れているのかも知れませんが、砂漠の中から１本の針を探すようなものです。

では、非常に幸運なことに、この手の銘柄を見つけることができて、実際に自分が投資してから株価が10倍、20倍に値上がりしたとしましょう。

ここで問題になるのが、「長期投資バイアス」です。**「新NISAは長期投資のための制度だから、ずっと持ち続けなければならない」**などと思った

時点で、あなたは大損を被るリスクを抱え込むことになります。

先ほどのエムスリーは、11年間で株価が82倍になりましたが、下げっぷりもまた大変なものです。２０２１年１月８日には１万６７５円まで上昇した株価は、２０２４年５月１日時点で１６１０円まで下落しました。

２０１８年12月の押し目である１３５０円あたりで購入し、そのまま持ち続けていた人は、評価益で一時的に大金持ちになった気分を味わったわけですが、そこから儲けたお金がどんどん溶けていく時の、非常に絶望的な気分をたっぷり味わうことになったのです。

確かに、２０２４年５月１日時点の株価を見れば、買値を上回っているものの、一時は９０００円以上あった利益が、たったの２６０円になってしまいました。これを１０００株持っていたとしたら、９００万円以上あった利益が26万円になってしまったことになります。実際にこれを経験したら、二度と株式投資などするもんかと思うのではないでしょうか。

このように、**ハイパーグロース銘柄を含む成長株投資は、大きな値上がりが期待できる反面、株価がピークを付けた後、大きく値下がりするリスクとも背中合わせ**なのです。

つまり成長投資枠で、長期保有を前提にするとしたら、これはやはり不向きであると言わざるを得ないでしょう。

1億円を目指すための銘柄は？

単に株価が割安なだけの銘柄はだめ、高成長銘柄もだめとなったら、では成長投資枠で何を買えば良いのでしょうか。

その答えは、**「割安成長銘柄」**です。

今も探せばあるのですが、成長企業でありながらも、なぜか株価が割安のまま放置されている銘柄です。**PER（株価収益率）が低く、ROE（自己資本利益率）が高くて、何らかの理由で人気がないような銘柄**が、これに該当します。

理由はいろいろ考えられますが、たとえば２００８年のリーマンショックの時のように、成長が期待されるのに、マーケット全体が大きく下げたために株価が下に引っ張られてしまい、割安になっているとか、小型株で市場の流動性がないために機関投資家などが買って来ず、割安のままになっている。

そういう銘柄が、成長投資枠で長期間保有して10倍高を狙うには、非常にうってつけだと思うのです。

私が投資している銘柄で言うと、中央自動車工業（８１１７）などはまさにその典型例と言って

長期保有で10倍株を狙う

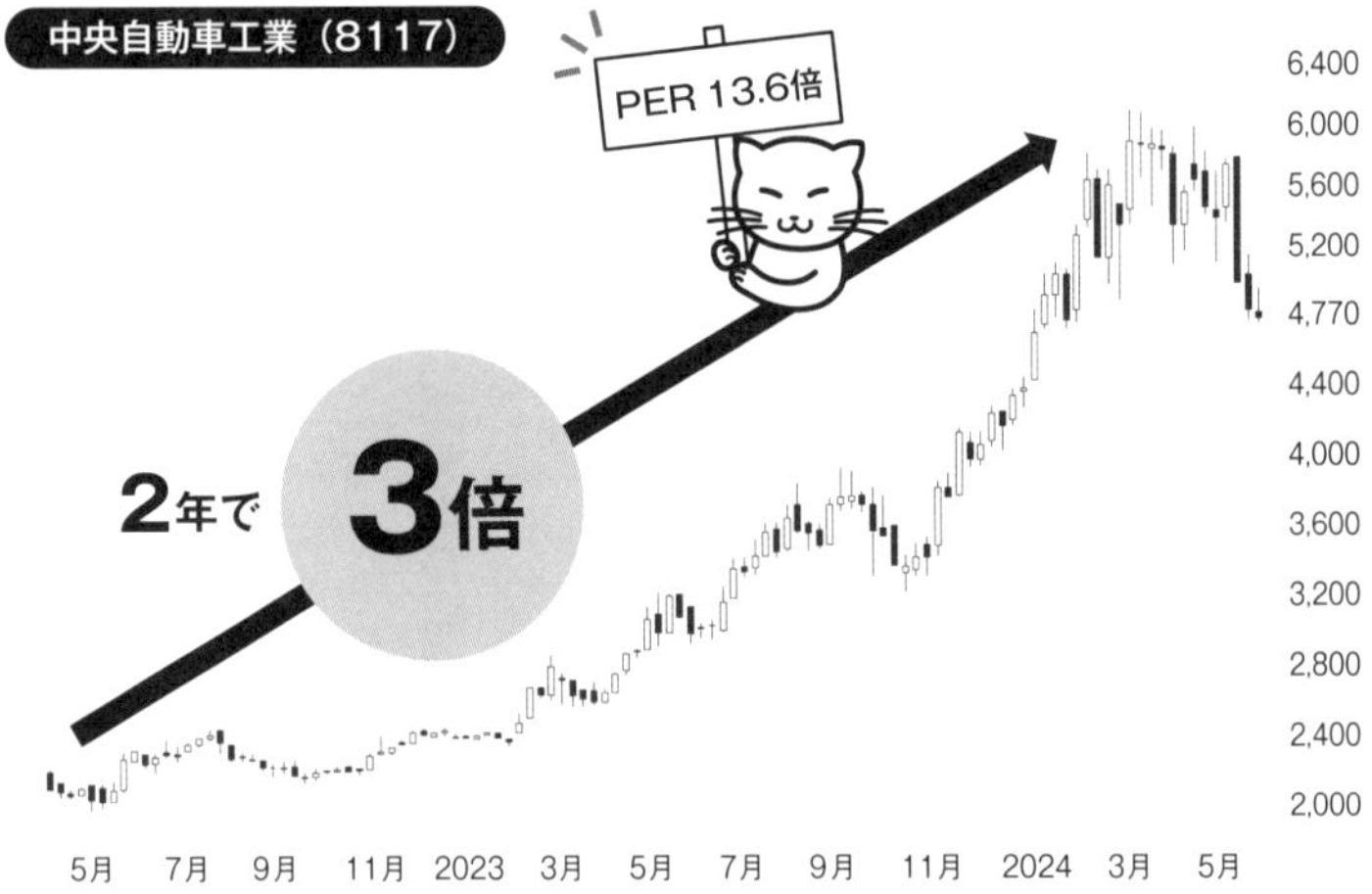

（出所）会社四季報オンライン。

も良いかも知れません。２０２４年５月２日時点の株価は５５５０円の値がさ株ではありますが、ＰＥＲは13・６倍です。

チャートを見ればわかりますが、２０２２年５月12日に２００５円まで調整した後、２０２４年３月22日には５９４０円という高値を付けています。確かに、チャートを見る限りにおいては、高値を付けるまでの株価が一本調子に値上がりしているため、株価も相当割高になっているのではないかと思うところですが、実はまだＰＥＲは13・６倍なのです。

またＲＯＥは17・２％ですから、かなり高いほうです。日本企業の場合、「伊藤レポート」の影響もあって、ＲＯＥは８％を目指すということになっていますから、17・２％は優秀です。まさに

ＰＥＲが低く、ＲＯＥが高いという割安成長銘柄

低PERのままでテンバガー達成

（出所）会社四季報オンライン。

の**典型例**といっても良いでしょう。

この手の銘柄は案外、ＰＥＲの水準が比較的低いままの状態で、株価がテンバガーになるケースもあります。建設技術研究所（９６２１）は、２０１２年７月の安値４４５円から、２０２４年１月に高値６１２０円になったので、この11年半でまさにテンバガーになったわけですが、４７３５円まで調整した同年5月2日時点のＰＥＲは10・8倍です。この会社のＲＯＥも13・３％と高い水準を維持しています。

なぜ成長株が割安になるのでしょうか？　私なりにその理由を考えてみました。

中央自動車工業って何をしている会社かわかりますか？　自動車部品メーカーに見える社名ですが、コーティング剤など自社企画の自動車用品を販売している卸売業の会社で、自動車補修部品の輸出事業も行っています。黒子の存在で知名度が低い上に、ＩＲに積極的ではありません。

建設技術研究所は、河川や道路に強みをもつ建設コンサルですが、そもそも建設は不人気業界です。事業内容もよくわからない。

また、この両社に共通していることは、業績予想が保守的なことです。しかも、上方修正の発表が本決算と同時か直前になることが多いのです。しかも、上方修正の結果、今期予想が横ばいから減益予想となると、見た目が悪い。前期の上方修正より、今期の横ばいから減益予想の悪印象が強く出て、株価が上がらないのです。

バリュートラップから抜け出せない割安株との違いは、ＰＥＲが低く、ＲＯＥが高いこと、そして、成長企業でありながらも、小型株で流動性がないなど、株価が割安のまま放置されている理由が考えられることです。**財務が良好なので、何らかの理由で株価が上がり始めると、多くの投資家の注目が集まって株価が上昇します。**

中央自動車工業も、建設技術研究所も、直近の株価は調整気味ですが、ＰＥＲ10倍のまま長い期間をかけて10倍高を目指す「割安成長株」が、成長投資枠での株式投資には向いていると思います。

年代別、成長投資枠の賢い使い方

１日目の最後に、買い方について考えてみたいと思います。前述したように、成長投資枠の年間の上限額は２４０万円です。この上限額目いっぱいに買い付けたほうが良いのか、それとも毎年１００万円ずつ分割して投資して、最終的に１２００万円という生涯非課税枠を満たしたほうが良いのか、という問題です。

年間の上限額である２４０万円目いっぱいに投資すれば、１２００万円の生涯非課税枠は５年で埋めることができます。

一方、毎年１００万円ずつ投資すると、１２００万円の生涯非課税枠を満たすには12年かかります。さて、あなたはどちらを選びますか。

年間２４０万円と簡単に言いましたが、実際にこれだけの金額を毎年、投資し続けるのはけっこう大変だと思います。年間２４０万円ということは、毎月平均20万円ずつ投資することになります。毎月の給料の中から20万円を投資するって、月収手取りで１００万円くらいないと難しいでしょう。

ということで、年間２４０万円を成長投資枠で投資できるのは、退職金や親からの遺産相続などで預貯金が2000万円くらいあるとか、課税口座に2000万円分の株式を保有していると いった人が多いのではないかと推察します。

この低金利では資産が増えないし、インフレに負けてしまうので株式投資に回したいという人が、2000万円ある預貯金から、毎年240万円ずつ買い付け、5年間で1200万円の枠を満たすのは、それほど難しいことではありません。

本書で解説する株式投資のスタイルは、1年で億り人になろうというようなリスクの高いものではありません。**割安成長株を長期で運用して億り人になろう**というものです。年間の投資資金が多い、少ないは関係ありません。

もちろん、早く1200万円の枠を埋めることができれば、その時間は短くなります。でも、**年間に使える投資資金が少ない人でも、時間をかければ同じゴールを目指すことができます。**

60代の人が成長投資枠で資産を運用するのであれば、毎年50万円ずつ、100万円ずつなどと悠長なことを言っている時間はありません。

もし65歳から10年をかけて生涯非課税枠を埋めたにしても、埋めきった時には75歳で後期高齢者の仲間入りです。もちろん、その先も生活していくうえでお金は必要ですが、同時に自分が亡くなる確率も、年齢の高まりと共に上昇していきます。

60代から成長投資枠を使うのであれば、できるだけ毎年、上限額いっぱいまで投資して、できれば5年間で1200万円まで投資し切ってしまいましょう。5年間で成長投資枠の生涯非課税枠を満たしてしまえば、それだけ大きな額を長期間、非課税で運用できるため、高い税制メリットを享受できます。

一方、30代でまだまだ人生の時間に余裕のある人は、毎年100万円、あるいは50万円ずつ、少額資金で投資し続けてもいいでしょう。毎年50万円ずつだと、1200万円を満たすのに24年かかりますが、30歳からスタートさせるとしたら、24年後は54歳です。

投資にムリは禁物です。人生の持ち時間に余裕がある人は、年間の上限額目いっぱいまで投資する必要はありません。

1日目のポイント

□新NISAの成長投資枠は、株式も購入でき、無期限で、いくら儲けても非課税です。

□成長投資枠には年間240万円、最大1200万円の上限があるので、大きな金額で短期売買を繰り返すことができません。

□成長投資枠で買うべき銘柄は、PERが低く、ROEが高く、何らかの理由で人気がない割安成長株です。

2日目

伸びる会社の株を持ち続ければ損しません！

過去最高益なのに猛烈に売られる理由

「伸びる会社に投資すれば儲かります」と言いますが、いったい何が伸びれば良いのでしょうか。会社の総資産でしょうか。それとも売上や利益でしょうか。

上場企業の多くは、なんだかんだ言っても決算の時に黒字にしてきます。黒字というのは、最終損益がプラスであるという意味です。最終損益がプラスであれば、その利益は利益剰余金という項目に繰り入れられるため、会社の純資産が増えます。たとえ前期決算に比べて利益が縮小したとしても、利益が出ている限り、会社の純資産の規模は徐々に大きくなっていきます。

ただ、これだけでは投資家に評価されません。**いくら最終損益がプラスで、その利益が純資産の規模を大きくするといっても、前期比で減益になっていたとしたら、その会社の株式は売られます。**最近は、特にその傾向が顕著になっていると思うのですが、過去最高益を更新するような、非常に素晴らしい決算内容を発表した会社でも、決算発表の翌日に株式が大きく売られることだってあるのです。

過去最高益なのに、なぜ株式が売られなければならないのでしょうか。業績が伸びているのであれば、本来なら株価もそれに連動して、値上がりするはずです。

ところが、現実の株式市場においては、過去最高益でも売られてしまうケースが多々見られるのです。

これは、**株価が「ファンダメンタルズ」と「将来の期待感」という2つの要素によって形成されている**からです。

基本的に株価は、その会社の業績、財務内容などからフェアバリュー（適正価格）が算出され、それに見合った水準で形成されます。

なぜなら、株式市場に参加している大勢の投資家は、常に会社の株価を値踏みしているからです。業績や財務内容に照らして、今の株価が割高と判断すれば売りますし、割安と判断すれば買います。こうして売りと買いが株式市場でぶつかり合い、株価は徐々にフェアバリューへと収束していくのです。

しかし、ここが株価予測の難しいところなのですが、株価はファンダメンタルズだけで決まるわけではありません。

完全にファンダメンタルズだけで決まるのであれば、株価予測も比較的簡単なのですが、ここに市場参加者の期待感が加わります。市場参加者の多くが、この会社の業績はもっと伸びると思えば、ファンダメンタルズによって形成されるフェアバリュー以上に、株価は高くなります。

ところが、その期待感が過大評価によるものだとしたら、どうなるでしょうか。

株価は投資家の期待感で動く

最終利益は60億円
過去最高益を
超えました
80億円に届かない…
期待が外れた

これまでの過去最高益が50億円だったのが、今期決算では80億円の大幅増益見通しとなれば、この会社は株式市場でにわかに注目を集め、大勢の投資家が株式を我先にとばかりに買ってくるでしょう。

こうして株価がどんどん値上がりしたところで、決算が発表されました。最終利益が80億円の見通しだったのに、蓋を開けてみたら60億円だったとします。それまでの過去最高益は50億円だったので、今期が60億円でも過去最高益を更新したことに変わりはないのですが、市場参加者のコンセンサスは80億円の黒字でしたから、60億円の黒字では「期待外れ」ということになります。

このような決算を発表した会社の株式は、たとえ今期決算が過去最高益を更新したとしても、株式市場で猛烈な売りを浴びせられることになります。

このように**株価は、ファンダメンタルズだけでな**

く、**市場参加者の期待感によっても、大きく左右される**ことになるのです。

ROEとROAの両方とも高い会社がベスト

何が言いたいのかというと、**総資産や業績が伸びている会社だったとしても、単純にそれだけで株価が値上がりし続ける保証はありません**よ、ということなのです。

ただ、ここで話を終えてしまったら、何を根拠にして会社の成長性を見れば良いのか、わからなくなってしまいます。

そこで注目したいのが、ROEやROAといった財務指標です。

詳しい説明は6日目で行いますので、ここではざっくりしたイメージだけを説明しておきましょう。

基本的には、**ROEとROAの両方とも高い会社がベスト**です。特にROAが高い会社は、非常に高い収益性と利益率を持つ、エクセレントなビジネスを営んでいるのが普通です。投資家からすれば、こういうエクセレントな会社の株式を持っておきたいと、誰もが願います。そのためPERも高めになります。

ROEとROAについて簡単に説明しておきましょう。

ROEはReturn On Equityの略称で**「自己資本利益率」**のことです。自己資本は株主資本とも言い、要は株主が出資しているお金のことです。つまり株主の側から見た場合、ROEは**自分たちが出資しているお金に対して、その会社がどれだけ効率的に利益を稼いでくれているかを示す数字**になるのです。当然、数字が高ければ高いほど良い、と判断されます。

次にROAですが、これはReturn On Assetsの略称で**「総資産利益率」**のことです。総資産は、その会社が持っている現預金、有価証券、売掛金、設備、不動産などのことで、**これらの資産をいかに有効活用して大きな利益を生み出しているのかを見るための財務指標**です。ROEと同様、ROAの数字も高いほど良いと判断されます。

ちなみにROEは、株主資本に対する利益率なので、株主に対して、その会社がいかに報いているかを示しますが、ROAは総資産に対する利益率なので、株主資本だけでなく、金融機関などから借り入れた有利子負債、買掛金や未払金などの無利子負債なども含めて、事業を営むうえで必要な資金全体に対して、いかに効率的に利益を上げているかを示します。

ROAを経常利益で計算する人もいます。経営陣や財務担当者など社内の実務家が、事業の収益効率性を考えるうえでは、経常利益のほうが法人税計算などを考えずに済み、都合が良いです。ただ、投資家の見る株価指標では、常に税引後の当期純利益が明確ですので、私は当期純利益で

ROEとROAが高い会社がベスト

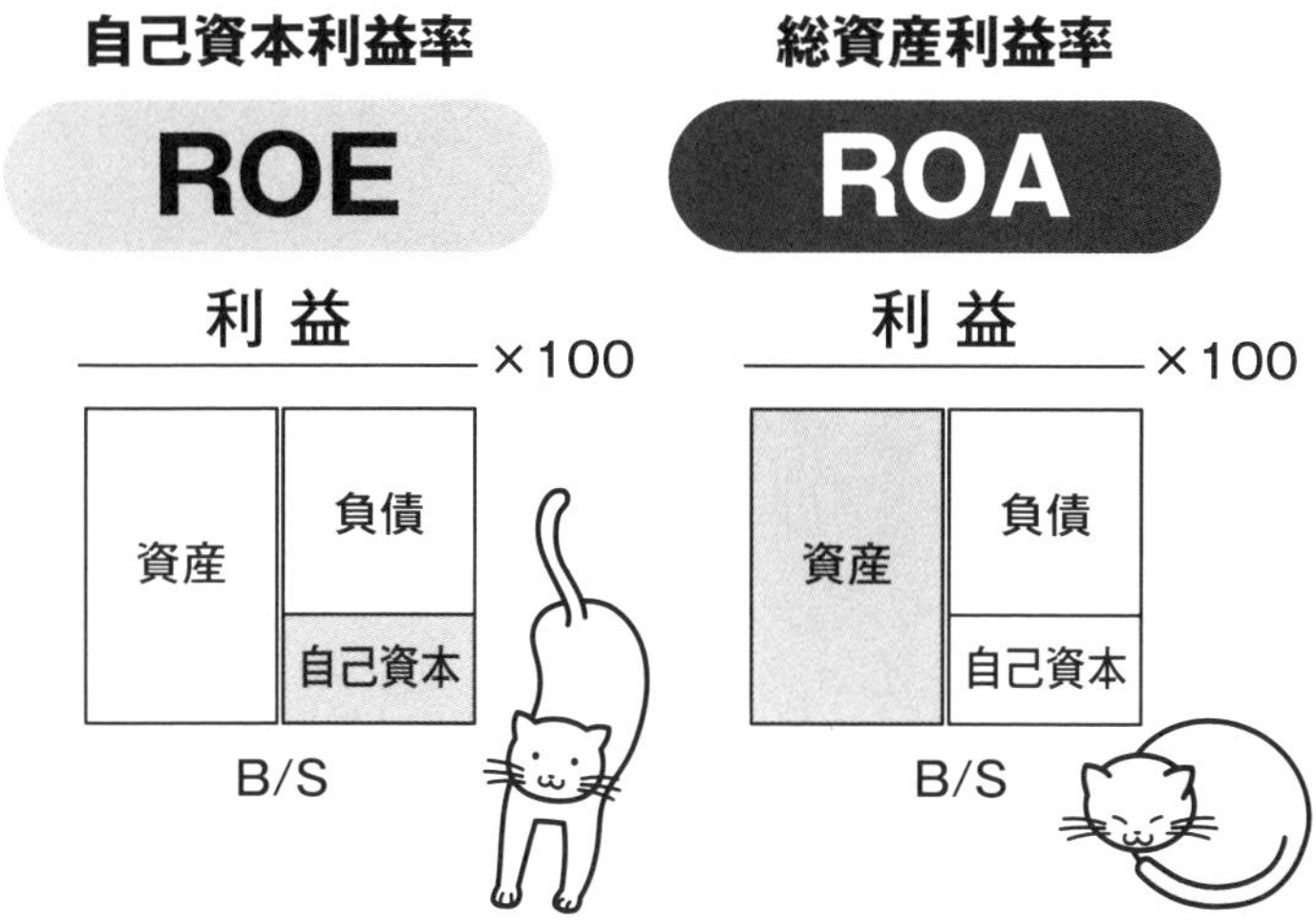

ＲＯＡを計算しています。

つまり、**ＲＯＥとＲＯＡの両方が高い会社は、大きな売上を上げているのと同時に、弛まぬ企業努力によって高い利益率をも実現しているエクセレントカンパニーである**、ということになるのです。

投資家である以上、会社に対して高いＲＯＥを求めるのは自然です。したがってＲＯＥが高いのは大前提なのですが、いろいろ会社の中身を見ていくと、ＲＯＥは高いのに、ＲＯＡが低い会社にぶつかることがあります。

この手の会社は、収益性が低いものの、事業を営むのに外部からの借入を積極的に行って、ＲＯＥを高めているだけなので、事業そのものに対する投資家の評価は低くなってしまう傾向が見られます。ＲＯＥが高いのはけっこうですが、大事なのはＲＯＡも含めて総合的に判断することです。

これらをチェックしたうえで、利益と売上の成長度合いを見ていきます。

当然、利益の伸びは大事です。利益には営業利益、経常利益、純利益がありますが、ここでは純利益を見ていきましょう。この純利益が毎期、何％ずつ伸びているのかをチェックします。利益成長は大事なので、できれば10％ずつくらいの伸びはほしいところで、その率が徐々に上昇していれば、なお良いと考えます。

ただ、利益率が上昇しているだけだと、長期的な利益成長が期待できるかどうかがわかりません。売上は大して伸びていないのに、ものすごいコスト削減努力を行うことによって、利益を増やしていることも考えられるからです。

コスト削減努力はもちろん大事ですが、それだけではどこかで成長は限界を迎えます。したがって、利益の成長率に加えて、売上の成長率もチェックするようにしてください。**理想を言えば、売上、利益ともに成長率が伸びている会社に投資することが大事**です。

PERで業績の伸びをチェック

もちろんROEやROAといった財務指標だけでなく、売上や利益が毎期20％、30％という高

PER40倍は割高か？

$$\text{PER} = \frac{\text{株価}}{\text{EPS}}$$

株価収益率　（1株あたり純利益）

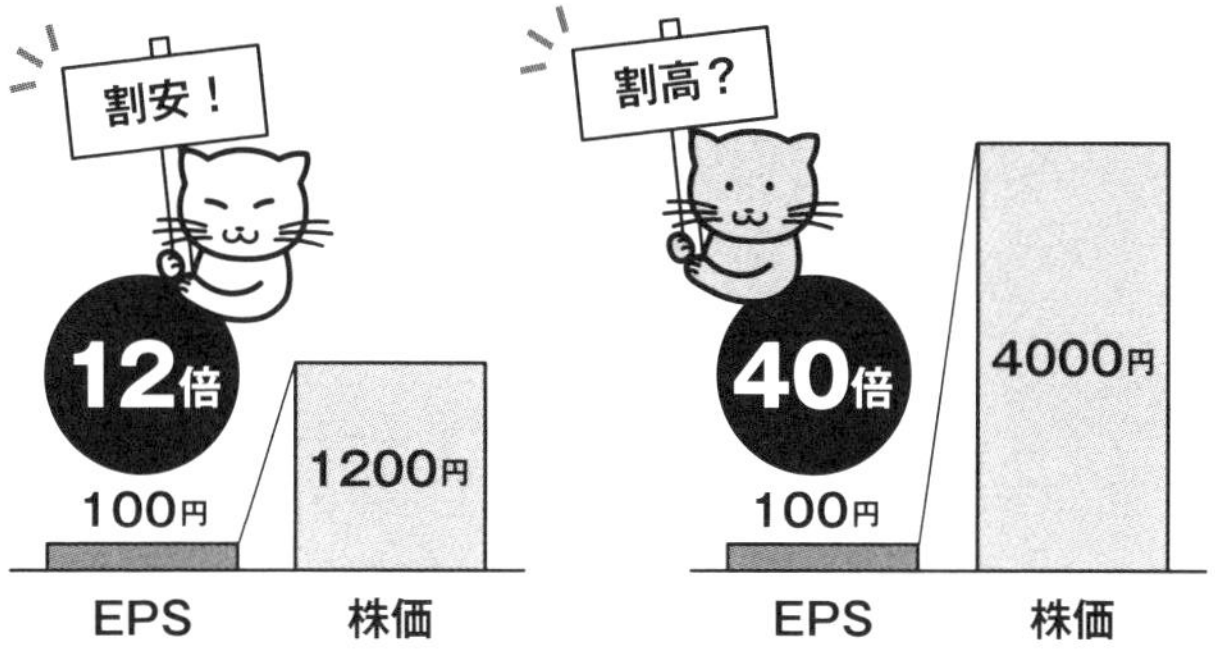

い率で伸びている会社は、高いPERも合理的に説明できます。

たとえばPERが40倍の会社があったとしましょう。PERはPrice Earnings Ratioの略称で**「株価収益率」**のことです。つまりその会社の利益に対して、株価が割高か割安かを判断するための指標であり、**倍率が高くなるほど、利益に対して株価が割高**であると判断されます。

一般的に、PERは20倍程度が平均値と考えられますので、その会社のPERが40倍だとすれば、当然、割高です。

でも、来期の利益が倍増するとしたら、今の40倍というPERは、果たして割高と言えるでしょうか。株価がそのままの状態で、来期の利益が倍増すれば、現在の40倍というPERは来期には20倍に下がります。その意味でも、今後、どの程度のピッチで売上や利益が増えていくのかは、伸びる会社を発掘するうえでも重要な判断材料になります。

ただ、ここで問題になるのが、**一過性の特殊要因で来期のみの売上、利益が伸びたとしても、それは会社の長期的な成長、長期的な株価の上昇にはつながらない**、ということです。

今期の売上や利益が大きく伸びたから、来期の売上や利益が大幅に増える見込みだからというだけでは、長期的に会社が伸びていくかどうかは、何とも判断がつきません。来期は大幅な増収増益でも、それが特殊要因によるものだとしたら、翌々期の決算では減収減益になってしまうことも考えられます。

ストック型のビジネスモデルは強い

そこで注目したいのがビジネスモデルです。

といっても、そんなに深いところまで理解する必要はありません。どうして売上や利益が伸びているのか、それが自分自身で腹落ちできれば良いのです。

ただ、実際には、会社のビジネスモデルを簡単に理解するのはなかなか困難です。その会社の

IRページを見ると、さまざまなIR資料をダウンロードできるようになっていますが、専門用語がけっこう多く、読みこなすのが困難です。

IR資料のなかで比較的、誰にでも読みやすいのが**「決算説明資料」**です。グラフや表、ビジュアルに訴える図版などが多用されていて、これに目を通せば、詳細までは理解できないとしても、**その会社がどうやって売上、利益を得ているのかが、おおまかに理解できる**はずです。

もし、それだけで理解できない場合には、その会社の採用ページをチェックしてみてください。採用ページは基本的に学生を相手に、その会社が何をしているのかを理解してもらうために制作されているので、専門知識が無くても理解できるようになっているはずです。

ビジネスモデルとして、私自身が望ましいと思うのは、ストック型のビジネスを展開している会社です。

たとえばジェイ・エス・ビー（3480）が好例だと思いますので、これを事例に説明してみましょう。

この会社はおもに学生賃貸マンションの運営管理を行っている会社です。自社開発物件もありますが、どちらかというと借り上げ・管理受託がメインです。

この会社が運営管理している学生向け賃貸マンションの稼働率は99％と非常に高いので、管理戸数が増えれば増えるほど、売上が増えていきます。2023年時点の管理戸数は8万5453

ストック型ビジネスモデルに注目（ジェイ・エス・ビーのケース）

学生賃貸マンションの管理戸数の推移

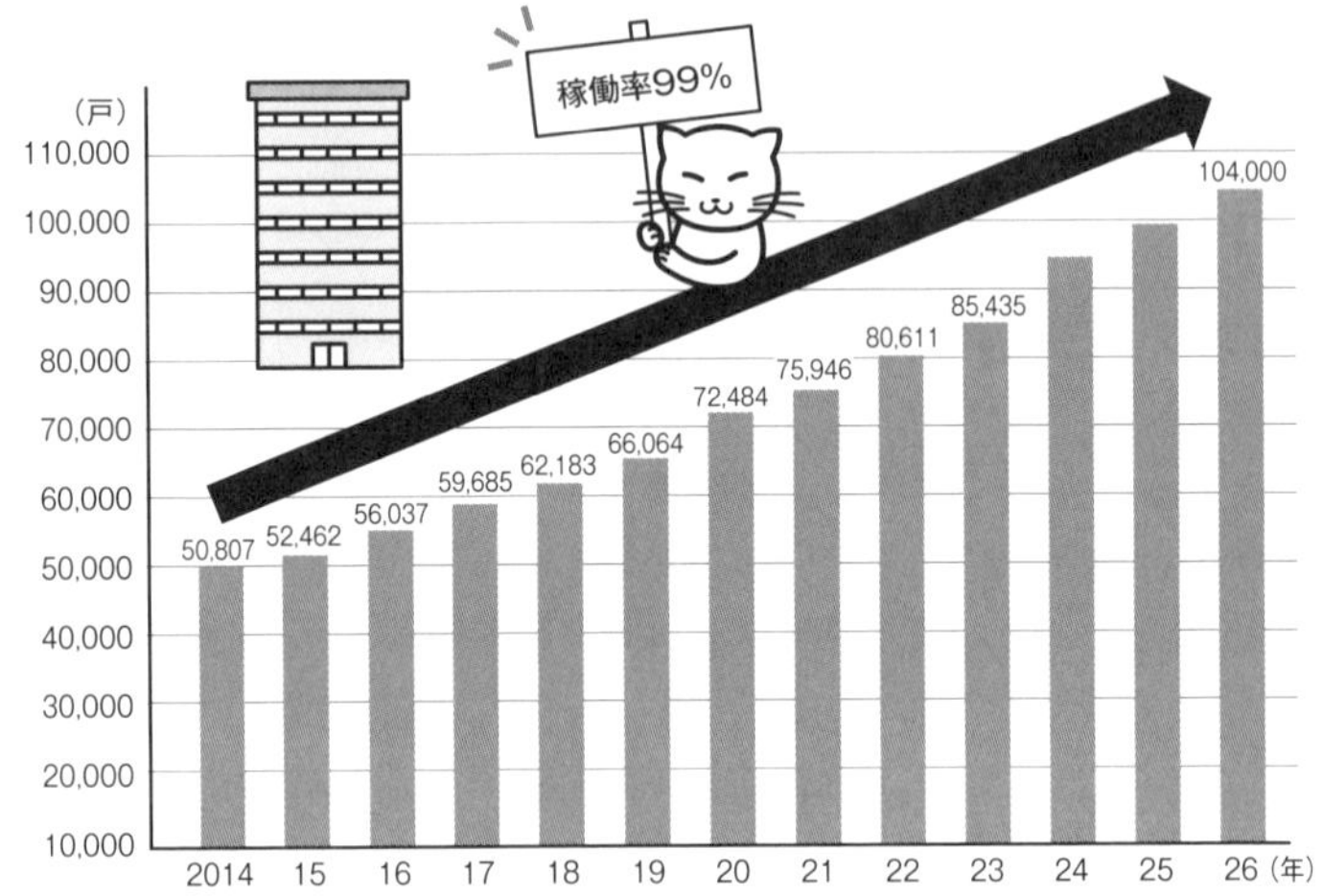

売上高推移

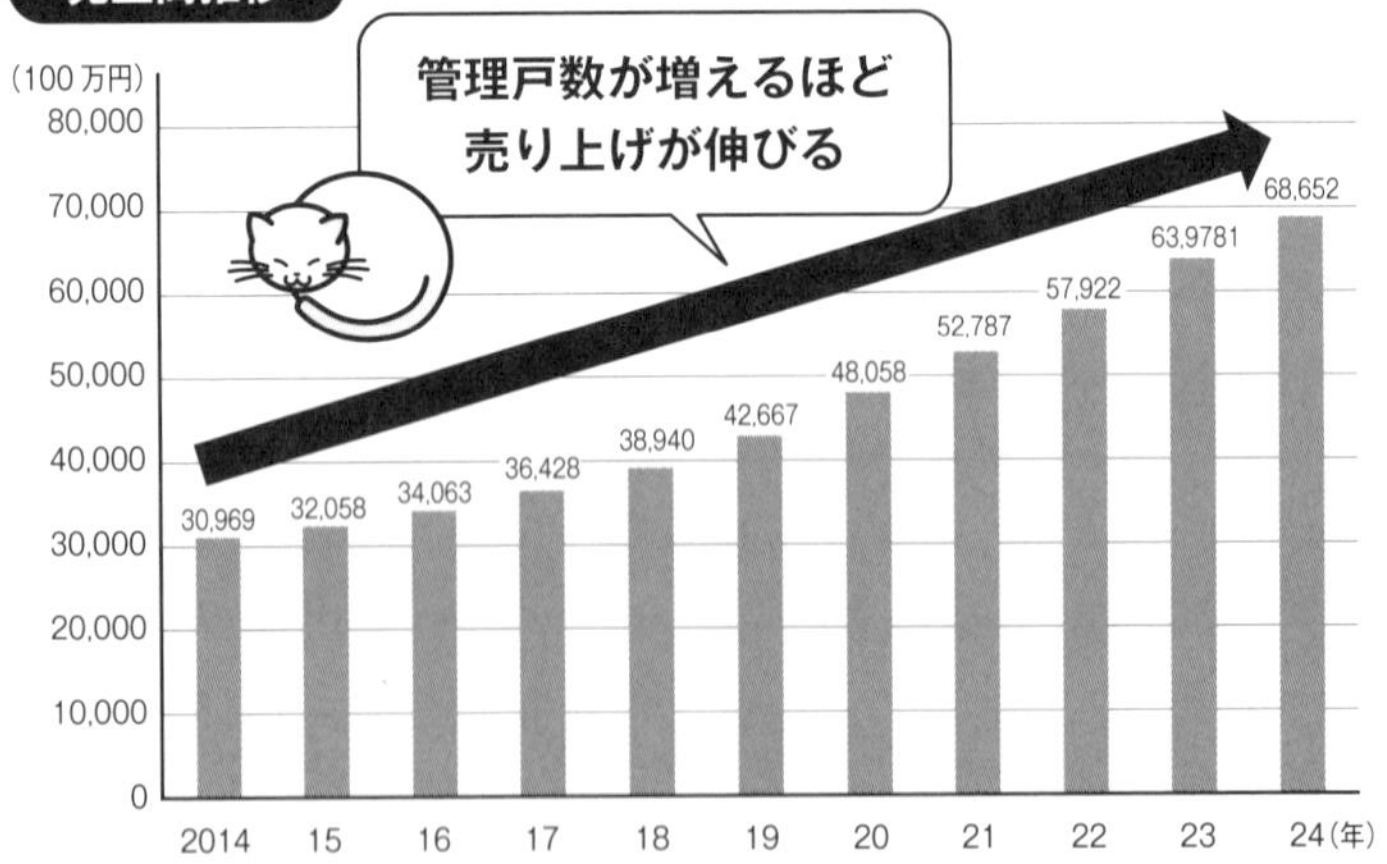

（出所）ジェイ・エス・ビーのIRページの資料をもとに著者作成。

戸ですが、これを２０２６年までに10万４０００戸にするという中期経営計画も出しています。このペースで管理戸数が増えれば、それに連動して売上も増えていくはずです。

またエリアリンク（８９１４）も、ストック型ビジネスで業績を伸ばしています。ジェイ・エス・ビーとは違い、こちらは収納トランクやコンテナなどのストレージ運用をメインにしている会社ですが、その稼働率さえ下がらなければ、ストレージの戸数が増えれば増えるほど、それに連動して売上が伸びていきます。

この手のストック型ビジネスモデルを採用している会社は、けっこうあります。たとえば駐車場運営だって、自分のところで管理運営している駐車場の数が増えれば増えるほど、売上増につながりますし、ＳａａＳ型のビジネスも同様です。ＳａａＳとはSoftware as a Serviceの略称で、クラウド上にあるソフトウェアをインターネット経由でアクセスして利用できるサービスのことです。これも会員になってソフトウェアを利用する顧客の数が増えれば増えるほど、売上増につながっていきます。

ストック型ビジネスへの転換というか改善の一例で、興味深い会社があります。日産東京販売ホールディングス（８２９１）です。日産系でディーラーという投資興味が失せる社名で、しかもオールドエコノミーの典型の会社です。そのことは、ＰＢＲ、ＰＥＲ、配当利回りのすべてで、投資家評価の低さを物語っています。

ところが、ＥＶ車の充電や個人向けカーリースのサブスクを始めたことで、サービス課金事業の利益率が向上しているのです。個人向けカーリースは、点検整備や車検代、任意保険も課金に組み込んでいるので、利用者の囲い込みに成功するほど業績が伸びます。ＥＶ車の整備士をたくさん抱えているのも強みで、ＥＶ車が普及するほど整備需要の増加も期待できます。その結果、株価は2年で2倍と好調です。

また、東京都では、２０２５年4月から、新築戸建て等への太陽光発電設備の設置、一定規模以上の新築建築物へのＥＶ充電器設置が義務化されます。ＥＶは太陽光で発電した電力を貯める蓄電池として使えて、東京都でのＥＶ普及の追い風になります。

このように、ストック型ビジネスモデルは、着実な売上増が見込めるのですが、唯一の難点は、いささか「かったるい」ことだと思います。伸び方が徐々に、徐々に、という感じなので、1年、あるいは2年程度の時間軸で投資する人たちからすれば、「それを待つくらいなら、短期間で大きく儲かりそうな銘柄を探したほうがいい」ということになります。結果、**ストック型ビジネスモデルを持つ会社の株式は案外、割安になっていることも多い**のです。

だからこそ成長投資枠を使って、長い時間軸で株式に投資する場合には、まさにうってつけの投資対象だとも言えるのです。

付加価値のある会社は株価も安定している

これはスクリーニング基準というよりも、投資するうえで、より良い会社を選ぶ際のポイントになりますが、**私は常に何が「付加価値」なのか、という点を重視するようにしています。**

付加価値といっても、具体的に数字で示されるものではありませんし、大半は目に見えないブランド価値のようなものなので、今ひとつわかりにくいと思いますが、私自身が何をもって付加価値と考えているのかを、ここで簡単に説明してみましょう。

一番わかりやすいのはブランドです。洋服や時計など、さまざまな高級ブランドが存在しており、大勢の人たちの憧れの対象になっていますが、近年、こうした高級ブランド品が相次いで値上げをしています。

恐らく、その背景のひとつが、1ドル＝160円まで進んだ円安だと思うのですが、付加価値のひとつとして、値上げしても顧客から欲しがってもらえるようなブランド力のある製品、サービスを提供できている会社は、経営難に陥るリスクがほとんどありませんし、株価も安定しています。

また、**一般消費者向けよりも企業向け、とりわけ大企業向けに提供している製品・サービスの**

ほうが、付加価値につながりやすい面があります。

たとえば、ＢＰＯ（ビジネス・プロセス・アウトソーシング）サービスがこれに該当します。ＢＰＯとは、アウトソーシングの一種で、たとえば大企業から経理業務をまとめて受託するといったサービスです。

大企業は総じてベンチャー企業に比べて給料が高めです。それはコストセンターと呼ばれる総務や経理、コールセンターなど収益を生まない部門も同じで、大企業においてはコストセンターの社員も、高めの給料を受け取っています。

しかし、裏を返せばそれだけコスト要因になっているのも事実です。そこで、会社の競争力維持とは関係のない業務については、自社の社員に高い給料を払ってやらせるよりも、外部に業務委託してコスト軽減を図るのが、ＢＰＯの狙いのひとつです。

逆に言えば、それを受託する会社は、大企業よりも一般的に給料が安いベンチャー企業だからこそ、その給料の差を活かすことによって、商売が成り立っているとも言えるのです。

企業向け製品・サービスは、それを提供する側にとって、もうひとつ大きなメリットがあります。それは**一度契約を締結して製品・サービスの提供が開始されると、そう簡単に契約が終了されない**ことです。

たとえば、サブスクリプション型のサービスを考えてみてください。個人向けにも、この手のサービスはたくさん提供されていて、音楽や映像などのコンテンツでも、さまざまな会社が林立していますが、個人の場合、自分自身の判断で、簡単にA社からB社に乗り換えることができます。

これに対して、企業向けに提供されている製品・サービスの場合、そう簡単に契約を打ち切られることがありません。仮にA社からB社に乗り換えるにしても、企業の場合、稟議を通さなければなりませんし、内容によっては会議に諮る必要も生じてきます。

また、提供しているサービスがシステムに関連するものになると、一部の部署で変更したいとなっても、他の部署の業務に影響することもあるので、なかなか変更できないのです。つまり面倒くさい。

その結果、一度、製品・サービスの提供を始めてしまえば、そう簡単に終わらず、さらに新規の契約が上乗せされていくため、一般消費者向けに比べて極めて強固なストック型サービスを確立させられるのです。

このように、私が投資先を見つける時には、その会社はどういう付加価値を持っているのかを考える視点を持つようにしています。

たとえば、私が投資してきた会社で、「この会社は高い付加価値を提供できているな」と思ったのは、霞ヶ関キャピタル（３４９８）です。

ビジネスのアイデアが付加価値（霞ヶ関キャピタルのケース）

（出所）霞ヶ関キャピタルのHPをもとに著者作成。

この会社のビジネスは不動産業なのですが、物件を仲介して仲介手数料を取るといった、伝統的な不動産業ではありません。具体的に言うと、自分たちで土地を見つけてきて、その土地を有効活用するための企画を立てます。たとえば、その土地にホテルを建てると、これくらいの来客数が見込まれるので、1泊いくらでこれだけの売上と利益が期待できるから、誰か投資しませんかと言って開発ファンド投資家を募ります。

実際に投資したいという投資家が出てきたら、その土地を売却します。ここで売却益が入ります。土地を売って終わりではなく、建物を建てるなど、プロジェクトマネジメントを行ってコンサルティングフィーを得ます。さらに、建物ができると、開発ファンド投資家に売り先である不動産ファンド投資家をマッチングして、成功報酬を得ます。完成後はその物件を運営しながら、管理フィーを継続的に得ていきます。

霞ヶ関キャピタルは、最初の土地取得でリスクを取るものの、その土地を活用して資産運用をしたいという投資家さえ見つけられれば、投資家にその土地を売却する際に、取得した時よりも高い値段をつけ、コンサルティングフィーや管理フィーなどを受け取っていきます。

このビジネスモデルを考えると、結局のところ霞ヶ関キャピタルは、その土地をどう開発するか、どう運営するかのアイデアを提供して収益を得ていることになります。このアイデアこそが、この会社の付加価値なのです。

私が投資対象から外している銘柄

『会社四季報』が発売されると、掲載されている全銘柄をチェックする投資家は少なくありません。確かに、宝探し的な面白さがあるのは事実です。私もかつては、『会社四季報』が発売されてから数日間で、全銘柄に目を通していた時期もありました。でも、今はある程度、取捨選択するようにしています。言うなれば、自分自身のスクリーニング基準ができてきたといっても良いのかも知れません。

私の場合、これから説明するような銘柄は最初から見ないようにしています。投資対象から外しているからです。

対象外1 PERが高い銘柄

もちろん利益成長が著しく、利益倍増が十分に狙えるような会社であれば、多少、PERが高くても投資してみようと思いますが、かつてのITやAIのように、業績が十分に追い付いていないのに、**一時的な人気で株価だけが異常なまでに暴騰しているような銘柄**は、全くもって投資対象にはなりません。

対象外2 バイオテクノロジーや医薬品の銘柄

次に、**自分なりに調べても価値がわからない会社**も候補から外します。これは人によりけりなので、あくまでも「私の場合」という前提で読んでいただきたいのですが、どれだけ調べても価値の良し悪しが判断できない、極めて高度な技術を用いている会社には投資しません。

なぜなら私自身が判断できないからです。ここにはバイオテクノロジーや医薬品などが含まれてきます。

医薬品は、内容が難しいだけでなく、私の投資スタイルと株価が全く合わないので、投資しません。医薬品業界全体では、新薬メーカー中心に業界平均のPER評価が高いです。そのような医薬品業界で、業績が良く、PERが低いと、私のようなバリュー投資家は買いたくなるはずです。

ところが、想定通りに株価が上がらず、悔しい思いをすることが多いのです。しかも、逆にPERが高いのに株価上昇する銘柄があるのです。

このように、業績の良し悪しとPERの割安さで単純に投資判断できませんので、私のポートフォリオには組み入れていないのです。

なぜ割安なのに買われないのでしょうか。

恐らく、健康保険制度を維持していくうえでの財源を維持するため、薬価改定によって薬の値段が下げられているからでしょう。超高齢社会になったことで、病院に通い、薬を処方してもらう高齢者の人口がどんどん増えています。これからも30年間くらいは、高齢者人口が年々増えていくため、健康保険制度の財源はますます厳しさを増していきます。そのため薬価が引き下げられ、製薬会社の経営が苦しくなると見ている投資家が多いのだと思います。

しかし、こうした国の制度に絡んだ事情をある程度、把握できなければ、なかなか製薬会社の株式には投資できませんし、私自身、この手の情報には疎いので、最初から投資しないようにしているのです。

対象外3 半導体関連の銘柄

自分の投資スタイルに合わないという点では、半導体関連の銘柄もそうです。半導体に必要な技術や、半導体を製造するうえでどのような会社がかかわっているのか、などは理解しているのですが、決算内容に対する株価の反応が、どうにも読み切れないという問題があります。

基本的に私は、誰が見ても明らかに業績が回復している、利益が伸びているといった会社に投資して、株価の値上がり益を取っていくスタイルで運用しているのですが、半導体関連銘柄は、こうした自分の投資スタイルだとタイミングが合わないのです。

たとえば、2024年の年初から3月にかけて株価が大きく上昇した東京エレクトロン（8035）やディスコ（6146）は、当時の『会社四季報』を見てもわかりますが、決して業績が堅調に伸びているわけではありませんでした。むしろ業績自体は悪いくらいだったと思います。そうであるにもかかわらず、株価は過去最高値を付けるところまで急騰していきました。

もちろん、何となく理由はわかります。生成AIが登場したことによって、将来的に半導体需要が大幅に増えるという期待感から半導体関連銘柄が買われたと思うのですが、その需要が盛り上がって業績が上伸する前の段階で、半導体関連銘柄の株価が大きく上昇しました。

確かに、株価が上昇している最中に飛び乗れば、ある程度の利益は取れたかも知れません。しかし、**自分のスタイルに合わない銘柄に投資すれば、どこで下りれば良いのかの判断が付かなくなる**恐れがあります。だから半導体関連銘柄には、投資しなかったのです。

このように、自分では理解できない、あるいは自分の投資スタンスに合わないような銘柄を外していくと、案外、投資のユニバースに入れる銘柄の数は限定されます。

ちなみに私の場合、課税口座に３００銘柄くらいに分散投資しているのですが、これから投資するかも知れないような銘柄も含めて、それでも常時チェックしている銘柄の数は、全上場銘柄のうち半分にも満たないと思います。

インデックスよりもリターンが低ければ意味がない

新ＮＩＳＡで、個別株投資をするのと、インデックス型投資信託を買うのとでは、同じ成長投資枠を使った投資でも、スタンスが全く違うものになることも、心構えのひとつとして覚えておいてください。

インデックス型投資信託で運用するのであれば、成長投資枠とつみたて投資枠を合わせて1800万円まで、ただひたすら積み上げていけば良いでしょう。インデックス型投資信託は市場全体の値動きを買うものなので、個別企業の事情によって株価が下げることで被る影響を、最小限に抑えることができます。

でも、個別株で投資をする場合は、事情が異なります。投資した銘柄に固有の悪材料が出れば、その会社の株価は大きく下げます。

ところが、新NISAを通じて個別株投資をすると、どうしても「長期投資バイアス」が働き、塩漬け状態にしてしまう恐れが生じてきます。

何となく保有し続けないと損をするような気になって、値上がり益が得られているのに利食いができず、逆に損をしている時も持ち続ければどこかで戻るのではないかと思って損切りできなくなるのです。

それでも、「長く持ち続ければ、いつかは株価が回復するはず。ずっと口座に放置しておけばいい」という意見も当然、あります。しかし、私はこの考え方には反対です。**個別銘柄に投資する以上、インデックスよりも高いリターンを出さなければ、個別銘柄に投資している意味がありません。**自分のポートフォリオのリターンがインデックスと同様か、それ以下ならば、つみたて投資枠と合わせてインデックス型投資信託を買ったほうがいいでしょう。

そう考えると、株価がその銘柄固有の要因で下げた時、それでも持ち続けるのは合理的ではありません。株価が下げた時には売却することも、インデックスを上回るリターンを実現するための戦略のひとつとして考えておく必要があります。

株価が下がった時の判断基準

伸びると思って投資した銘柄の株価が下がった時、売却するか、我慢して持ち続けるかを判断するには、まず株価の下落要因が何であるかを特定する必要があります。

株価が下げる要因は、個別要因と相場要因に大別できます。個別要因は、その会社に何か悪材料が出て株価が下げることで、相場要因はマーケット全体が下げたことで、それに引きずられて株価が下げることです。

後者の事情で株価が下げた時は、これはもう仕方がないということであきらめてください。あえて売却する必要もないでしょう。相場全体の下落に引っ張られて株価が下げた時は、時間が経てばどこかで再び相場全体が上昇に転じるので、その時には株価が回復していくはずです。

株価の下落を反論できるか？

（出所）会社四季報オンライン。

しかし、**相場全体が上昇しているのに、自分の保有株が下げている時は、要注意**です。その時はまず競合他社の株価をチェックします。同業他社に何か悪材料が出て、同業者の株価も引きずられて下げているケースが考えられるからです。

その場合、自分が保有している会社にまで、その悪影響が及ばないと判断した時は、保有したままで大丈夫ですが、業界全体に波及するような問題であれば、売却します。

率にして5％程度下げたら要警戒で、投資先企業に何か大きな問題が生じていないかどうかを、しっかりチェックするようにしてください。それでも**保有すると判断した時には、下落に対して自分が説得力のある反論ができるかどうかも考えましょう。**説得力のある反論ができるなら保有し続ければいいし、反論できない場合は売却を考えま

長期的に下げ続ける銘柄は売却

（出所）会社四季報オンライン。

す。

たとえば、２０２４年に入ってから話題になった三井Ｅ＆Ｓ（７００３）の株価チャートを見てください。一時は売買代金でレーザーテック（６９２０）を超えて、東証全銘柄で売買代金１位になったなどと話題を呼んだ銘柄です。株価は２０２４年の前半で７００円から７００円台後半で推移していたのが、２月中旬から３月８日にかけて、２８９８円まで急騰しました。今年に入って、三井Ｅ＆Ｓに投資した人からすれば、かなり大きく儲けることのできた銘柄と言っても良いでしょう。

でも、もっと長期の株価推移を見るとどうでしょうか。実は２００７年８月９日の株価は、７３７０円を付けているのです。それが株価のピークで、一気に値下がりし、２０２２年３月９

日には３１２円まで下落しました。実に20分の１以下にまで値下がりしたことになります。

このような**長期的な下げに付き合ってしまったら、いくら成長投資枠が非課税だったとしても、全く意味がありません。**２０２４年になってから株価が急騰したといっても、ピークの株価に対してまだ半分も戻していないのです。

これはいささか極端な例ではありますが、いくら他の銘柄の株価が値上がりしたとしても、これだけ大きく下げた銘柄を持っていたら、ポートフォリオ全体のリターンは、かなり停滞してしまいます。

そうならないようにするためにも、成長投資枠で個別株に投資する場合は、塩漬けになっても保有し続けて、とにかく**１２００万円の枠を積み上げることを目的化することなく、柔軟に売却することも考えておく必要がある**のです。

私はほとんどナンピンしません

自分の保有銘柄が下がった時の対処法としては、一般的には損切りに加えて、ナンピンをするという手もあります。

ただ私の場合は、ほとんどナンピンはしません。

理由は2つあって、ひとつは上昇トレンドに入ったことを確認して買うからです。そのため、自分が買ってから株価が下げて含み損になることは、ほぼありません。ナンピンするよりも、買った後で株価が上昇し、それでもまだ安いと判断して追加買いをすることのほうが、多いくらいです。

もうひとつの理由は、やはり割安な水準で買っているからです。具体的には、PERが低くて、ROEの高い銘柄を買うようにしています。

たとえば投資した後、その会社が本当に成長して投資家からの評価が上がり、PERが10倍の時に投資したものが、PER20倍程度まで株価が値上がりしたとしましょう。

ここまで株価が値上がりすると、割安成長株を狙う投資家は買ってこなくなりますが、そこから成長株を狙う投資家がエントリーしてきて、株価がさらに上昇していくケースもあります。これまで割安株だったのが、成長株へと投資家の評価が切り替わっていくケースです。

このような場合は、多少、株価に割高感があったとしても、保有し続けます。もちろん、株価が異様な上げ相場になって、PERが40倍、50倍になったらさすがに行き過ぎですが、30倍くらいまでは引っ張っても良いでしょう。

ただ、くれぐれも注意していただきたいのが、長期投資バイアスに引っ掛からないことです。

いくら長期投資のために作られた新ＮＩＳＡでも、**ＰＥＲ10倍の株価で購入した銘柄の株価が、ＰＥＲ40倍、あるいは50倍まで評価されるところまで値上がりしたら、利食いをするべき**です。

あるいは、大谷工業（５９３９）のように、全く意味もなく株価が急騰するケースも、利食い売りの対象です。

大谷工業の場合、全くと言って良いほど無関係な、米メジャー選手である大谷翔平選手が活躍すると、なぜか株価が急騰するという、不思議な会社です。チャートを見ると、ずっと３６００円前後で推移していた株価が、２０１９年12月17日にいきなり1万８３１０円まで値上がりし、その後は再び３８００円前後まで調整した後、２０２３年３月10日に1万６０５０円まで値上がりしています。ちなみに２０２４年5月2日時点の株価は７１９０円です。

このように、会社の業績を反映しないような突発的な株価急騰が起こった時は、素直に「ありがとうございます」といって利食っておきましょう。

2日目のポイント

□ROEとROAの両方とも高い会社がベストです。ただし、ROAが高い会社は、収益性と利益率が非常に高く、PERも高めになります。

□IR資料や決算説明書からどのように売上や利益を得ているのかを調べて、ストック型のビジネスモデルを展開している会社を探しましょう。

□インデックスよりも高いリターンを得るために、株価が下がった時に売却するか、持ち続けるかの判断基準を持ちましょう。

3日目

まずは高配当株・割安株を探しましょう!

高配当株と割安株は分けて考えよう

株式投資の魅力は、やはり会社の成長性を反映して株価が値上がりしていくなかで、「キャピタルゲイン」を取りにいくところにあるのは間違いありません。

ただ、株式投資によって得られる収益はキャピタルゲインだけでなく、銘柄によっては、なかなか魅力的な「インカムゲイン」を提供してくれるケースもあります。

キャピタルゲインは、株式や不動産などを購入し、売却した時の価格差のことです。これに対してインカムゲインは、預金の利息、株式の配当金、不動産の賃貸収入など、投資対象が行った経済活動の結果、稼ぎ出した所得の一部を、投資家に対して分配したものです。

株式で言うと、会社が一定期間、経済活動を行って得た売上から、さまざまな必要経費、税金を差し引いて残った最終利益の一部を、株主に対して還元する「配当金」が、インカムゲインに相当します。

高配当利回り銘柄は、自分が購入した株価に対して、決算ごとに受け取る1株あたりの配当金額が大きな銘柄を指しています。「配当利回りランキング」といったキーワードでネット検索すると、たとえば、会社四季報オンラインやYahoo!ファイナンスなどが作成している配当利回りランキングを見ることができます。ちなみに、2024年5月2日時点の配当利回りランキングによると、最も高いのがレイズネクスト（6379）の6・48％で、株価2007円に対して、1株あたりの配当金額は130円となっています。この配当金額を株価で割ると、6・48％という利回りが算出できます。

また、高配当利回り銘柄は総じて、**配当金額に対して株価が安いから高配当利回りになります。**そのため、高配当利回り銘柄のなかには、株価が割安に評価されているものがけっこうありますが、配当性向が極めて低いにもかかわらず、PERが10倍程度と割安に放置されている銘柄もあるので、一概に「高配当利回り銘柄＝割安銘柄」という括りで考えることはできません。

しかも、配当性向が高いだけの高配当株も多くあります。そのような銘柄は、配当が高い分、内部留保が少なく、資産の蓄積ペースが鈍くなります。仮に配当性向が100％なら、利益を全部配当に出すことになり、資産は全く増えない計算になります。業績成長に資産がいらない事業内容でない限り、資産増加に伴う事業拡大、業績成長が余り期待できなくなります。

したがって3日目のテーマである「高配当株・割安株」については、高配当利回り銘柄と割安銘柄を切り分けて考えていきたいと思います。

まずは、高配当利回り銘柄への投資について考えてみたいと思います。

高配当株投資はこういう人に向いている

高配当株投資に向いているのは、安定的にキャッシュフローを得たいと考えている投資家です。

現実には難しいと思うのですが、たとえば成長投資枠の1200万円を全額、6%の配当利回りが得られる銘柄で固めたとしましょう。すると、年間72万円の配当金を非課税で受け取ることができます。

年間72万円ということは、月額6万円です。ある程度高齢になって、公的年金以外の定期収入が欲しいという人にとって、月額6万円が得られる高配当利回り銘柄は魅力的でしょう。

しかも配当利回りは、株式を買い付けた時点の株価で確定されますから、その後、株価が上昇・下落したとしても、自分が投資した時点での配当利回りは変わりません。ある意味、割り切って株価のことを気にしなければ、毎年72万円の配当金を定期的に受け取ることができます。

ただし、注意点もあります。それは**減配や無配になるリスクがある**ことです。

配当金は、基本的に会社が一定の利益を計上して初めて支払われるものです。ある年、業績が大きく落ち込んでほとんど利益を計上できなかったり、あるいは赤字決算になったりした時には、配当金の額が減額される減配や、1円も配当金が支払われない無配に転落することもあります。

高配当株のメリット・デメリット

メリット

定期的に配当金が得られる

デメリット

減配や無配になるリスクがある

ちなみに配当利回りで投資するにあたって、Ｊ－ＲＥＩＴを勧める人もいます。確かにＪ－ＲＥＩＴはファンドに組み入れられた賃貸不動産物件から得られた賃料の90％を分配金に回さなければならないというルールがあるので、いわゆる配当性向は１００％に近いのですが、得られた収益をほぼ全額分配してしまうので、普通の会社のように利益の一部を成長投資に回すことがありません。理屈から言えば成長しない投資対象と言っても良いでしょう。

配当利回りは大事ですが、できることなら株価の上昇も狙いたいところです。

そう考えると、Ｊ－ＲＥＩＴは投資対象として、いささか物足りない部分があります。基本的に私は、たとえ配当利回りが高かったとしても、Ｊ－ＲＥＩＴには投資しません。

DOEの数字が高い会社に注目しよう

高配当利回り銘柄は、だいたいにおいて株価が低水準だから、配当利回りが高めになるのですが、それは**投資家からの評価が低いことの裏返し**でもあります。

投資家からの評価が低い銘柄は、そもそも誰も関心を寄せていません。そのため、期待感から株式が買われていることもないので、会社が成長しなかったとしても、大きく売られることもありません。**値動きは比較的安定している**とも言えるでしょう。

その代わり、長期にわたって株価が横ばいで推移することもあります。なぜなら、誰もその会社の株価に関心を持っていないからです。株価の値上がりに期待して投資する人にとっては、長期にわたって株価が横ばいで推移することに耐えられない場合もあると思います。

ただ、一見するとデメリットに見える、株価の値動きの鈍さも、上手く利用すればメリットにつながります。

特に2023年以降、東京証券取引所がPBR1倍割れ企業に対して改善を求めたPBR改革の影響もあり、DOEという配当指標を導入する会社も散見されるようになってきました。DOEとは、Dividend on Equity Ratioの略称で、**「株主資本配当率」**と呼ばれます。

DOEと配当性向の違い

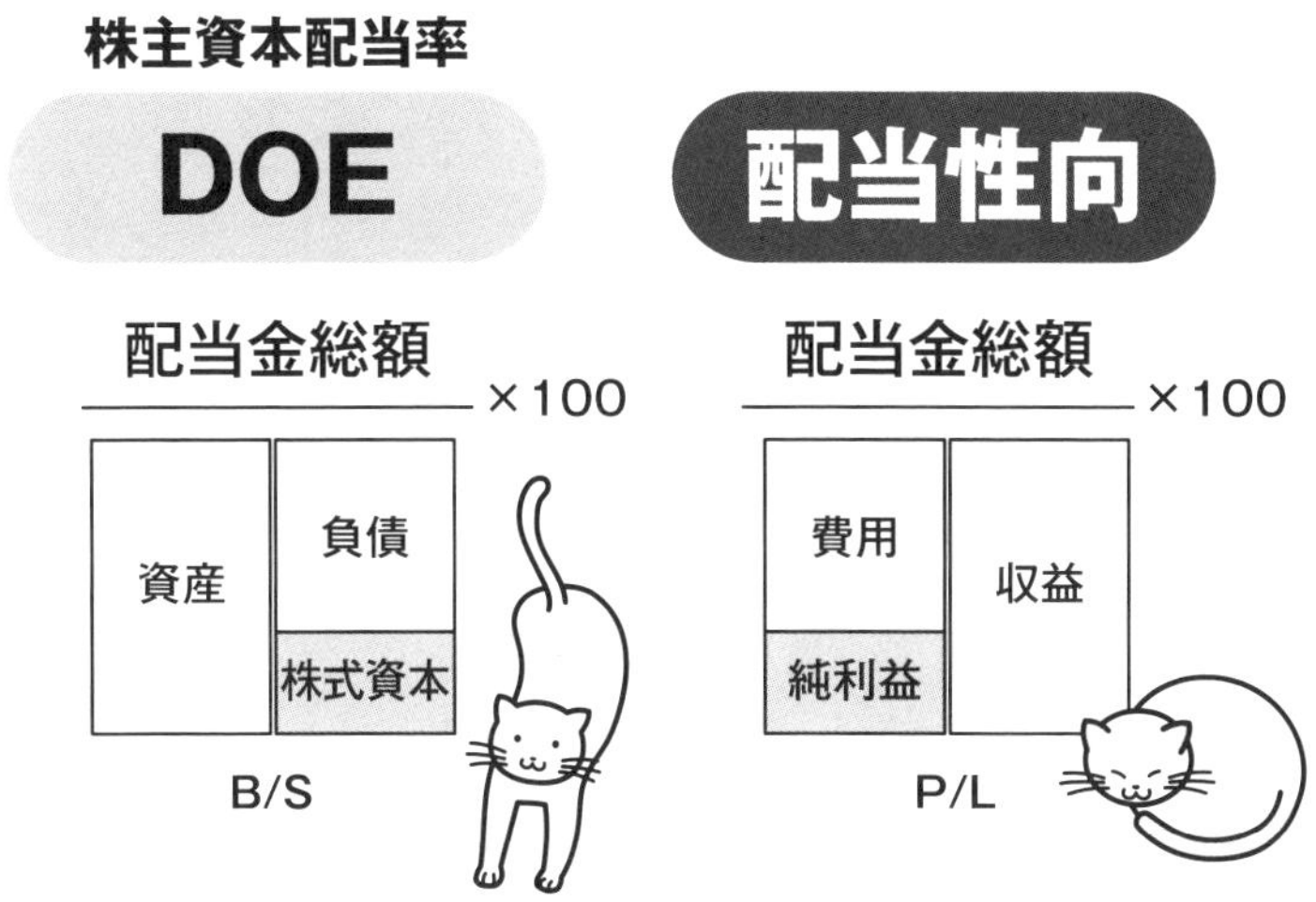

配当指標には、DOE以外に配当性向があります。何が違うのでしょうか。

配当性向は、当期純利益に対して何%を配当金に回しているのかを示す配当指標です。これに対してDOEは、株主資本に対して何%を配当金に回しているのかを示しています。

配当性向の基準となる当期純利益は、あくまでも単年度の結果であり、それは毎年の経営環境によって大きく変わるケースがあるので、配当金の額を不安定にする恐れがあります。

これに対して**DOEの基準となる株主資本は、過去からの利益を積み上げてきたものであり、これを基準に配当金を決めるため、単年度の業績に左右されにくく、配当金の額が安定する傾向が強まります。**

そのため、DOEを設定したとか、配当性向を引き上げたといったように、増配につながることを会社が公表すると、投資家はその会社に投資しようとして注目するのですが、前述したように、高配当利回り銘柄は投資家からの評価や人気が低い銘柄が急に株主還元改善を発表したところで、好材料が投資家に広まるのに時間がかかり、株価の買いに火がつきにくい傾向が見られます。

つまり、増配につながる好材料の株価への織り込みに時間がかかるのです。そのため、発表に気付いた投資家が買いに動いた結果、株価がストップ高をつけたとしても、その後から買っても報われるケースがけっこうあります。

たとえばストップ高をつけて配当利回りが6％程度になったとしても、その後から5％に向かって、株価がジリジリと2割程度上げていくのです。

好決算を発表した会社の株式だと、発表した直後から株価が一気に反応しますが、**高配当利回り銘柄の場合は、初動が鈍い**のです。

これは、高配当利回り銘柄を買っている投資家の性質による部分も大きいと思います。好決算を狙っている投資家は、キャピタルゲインを狙っていますから、少し判断が遅れただけで得られる利益が大きく変わってきます。

しかし、高配当利回り銘柄を買っている投資家は、安定収益である配当金狙いで投資していますから、好決算狙いの投資家に比べて、日々の株価の値動きや情報収集に熱心でなくても、得られる利益にはそれほど大きな違いが生じにくいとも言えます。

特にDOEは、株価に織り込まれにくい面があります。なぜなら、DOEは決算説明資料にしか記載がなく、業績が悪化しないと効力が表面化しにくいからです。いちいち、**決算説明資料まで目を通す投資家は少数**なので、大勢の投資家の目に触れにくいため、株価に織り込まれるにしても、ある程度のタイムラグが生じるのです。

このタイムラグの間に、DOEの数字が高い会社の株式に投資しておけば、他の投資家がDOEに気付いて買い始め、株価が値上がりする前に投資できることになります。

増配は将来の成長性も考慮しよう

投資家としては毎年、増配する会社に投資したいと思います。今期の1株あたり配当金は20円だけれども、来期は40円、再来期は60円になるようであれば、それはやはり嬉しいですし、成長投資枠に高配当利回り銘柄を組み入れようと考えている投資家にとっても、この手の増配期待が見込める会社は魅力的に映ると思います。

会社が増配しようとした場合、一般的に2つの方法のうちいずれかで増配します。

ひとつは配当性向を引き上げることです。今期の配当性向は20%だけれども、来期は30%に引

利益が伸びて増配が理想

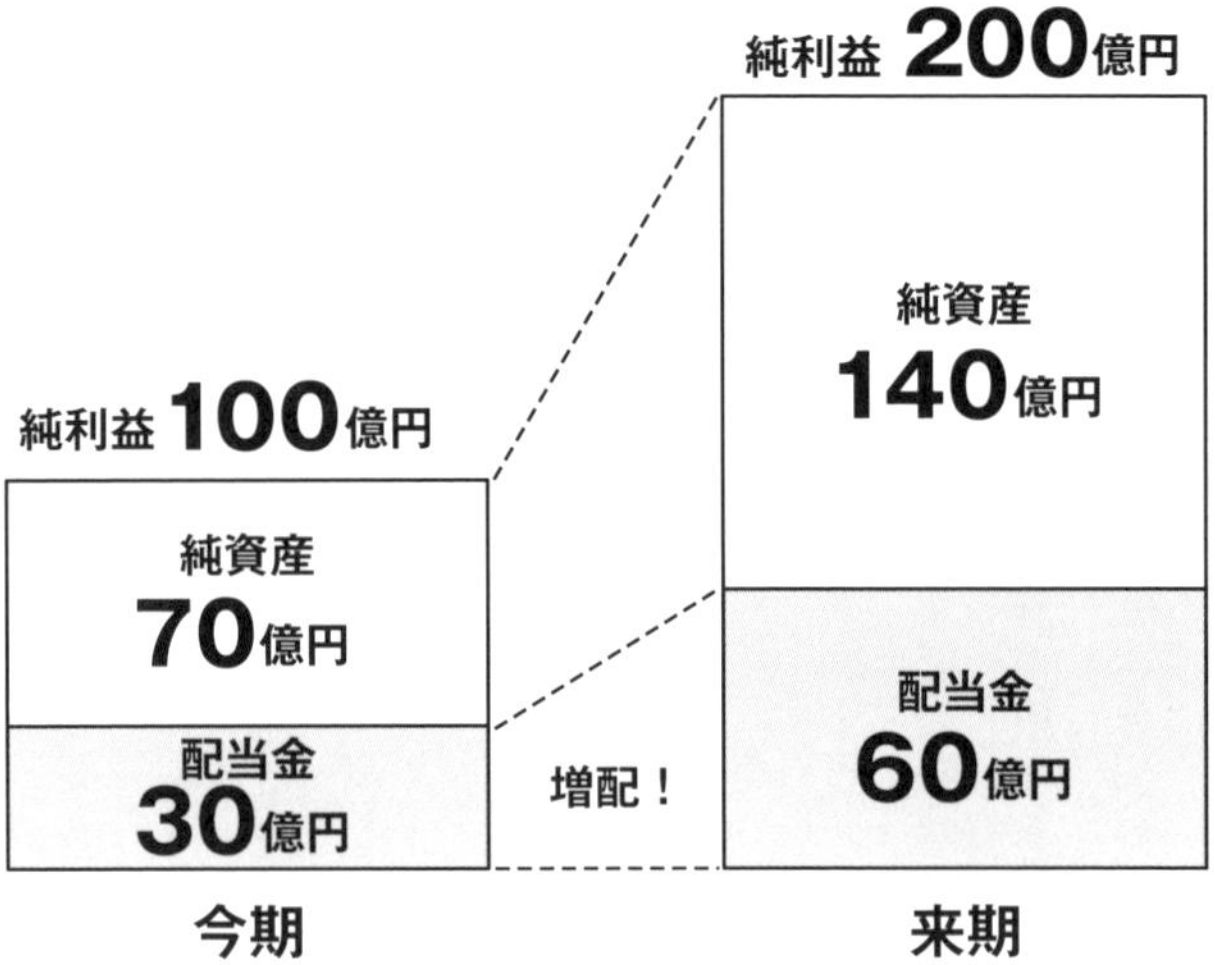

き上げることによって増配させます。

ただ、**配当性向を引き上げると、会社の純資産の成長が落ちるという問題が生じてきます。**

配当性向は、当期純利益のうち何%を配当に回すのかを示す配当指標であると前述しました。仮に配当性向が20%だとすると、当期純利益のうち残りの80%は、会社の純資産となり、その一部が将来の成長に必要な投資に回されます。

そこで配当性向を40%に引き上げたとしたら、どうなるでしょうか。将来の成長に必要な投資に回せる余地は60%になってしまいます。会社が成長しなければ、株価は上がらず、その会社に投資する妙味は落ちてしまいます。

よく、高成長企業のなかには配当を出さないケースが見られます。これ、なぜだかわかりますか。配当を出さなければ、極端な話、当期純利益の全額を成長投資に回すことができます。少しでも多くの資金を投資に回して高い成長を維持し、マーケットシェアを取りにいくのです。

この間、投資家は配当金を得ることはできませんが、投資した会社がものすごい勢いで成長すれば、株価が値上がりするので、それによって十分に報われることになります。

増配で理想的な形は、配当性向は現状維持で良いので、会社が成長し、利益が毎年大きく伸びてくれることです。

たとえば配当性向が30％で、今期の当期純利益が100億円だとしたら、配当金は30億円ですが、来期の当期純利益が200億円になれば、配当性向が変わらなくても、配当金は60億円に倍増します。このように配当性向は変わらなくても、会社の利益が伸びて、結果的に連続増配になるのが理想です。

つまり、単なるインカムゲイン狙いで高配当株に投資するのではなく、将来の業績向上や増配可能性も見込んだうえで銘柄を選ぶと、配当利回り自体が改善されるのと同時に、株価の値上がり益も狙えるのです。

したがって、**私は、現時点の配当利回りだけに着目して選ぶのではなく、将来の成長性も考慮したうえで銘柄を選択します。**

ちなみに増配されやすい銘柄のパターンが3つあって、これは銘柄選びに際して頭の片隅にでも入れておくと良いかも知れません。

パターン1 有利子負債がない

まず、「有利子負債がない」というパターンは理解できるかと思います。有利子負債の額が大きいと、いくら稼いだとしても、負債元本の返済は経費にならないので、その分だけ配当の原資となる当期純利益が減ってしまいます。

パターン2 人材派遣業

次に、人材派遣業のような労働集約型産業です。人をどんどん雇って教育をすれば、いずれ彼らが会社の売上を作ってくれます。教育にかけるコストや人件費の増加分については、やはり彼らがそれ以上の金額の売上を作ってくれるので、問題はありません。

たとえば、キャリアリンク（６０７０）やＵＴグループ（２１４６）がその好例です。キャリアリンクはコロナ禍バブルの反落で業績悪化しましたが、高配当を武器に反発して株価は底堅いです。ただ、両社とも業績成長に懸念点がありますので、今が買いというわけではなく、あくまで労働集約型産業が増配されやすいことの例です。

パターン3 ソフト開発業やコンサルタント業

ソフト開発業やコンサルタント業も増配されやすい業種です。強みは、投資が必要ないことです。投資しなかったら成長しないのでは？　という意見もあるかと思いますが、投資をしなくても売上を伸ばせるのです。

装置産業ではないので、設備投資は不要です。人を大勢雇い入れて教育をすることが投資のようなものですが、パターン2と同じように、これらのコストは、彼らが作る売上で十分にカバーされます。結果、利益が増えて増配しやすくなるのです。

減益でも高配当利回りなら株価が上がる

高配当利回り銘柄が好きな投資家にとって、魅力的な配当利回りは何％なのかを、**これまでの経験から考えると、やはり6％前後**だと思います。

たとえば、これが2％とか3％だと、確かに日本の低金利からすれば相対的に魅力はあるように思えるのですが、少なくとも高配当利回り銘柄好きな投資家は、ほぼ買わないと言っても良いでしょう。

ただ、6％もの配当利回りを維持できるのか、という疑問は常にあると思います。もちろん高いに越したことはないのですが、前述したように配当利回りの高い銘柄は総じて、株価が安い水準に放置されているケースもあるので、**なぜ株価が安いのか、その理由は探すべき**ですし、もし完全なワケありで株価が安く放置されているのであれば、いくら配当利回りが高いとしても、私は少し警戒します。

それこそ手を出さないという選択もありですし、投資するとしたら、「それでは物足りない」と思うかも知れませんが、100株、あるいは200株程度に抑えて買うことをお勧めします。

それと、「配当利回りランキング」で検索すると、今時点の配当利回りでランキングが出てきますが、高い配当利回りでも、なかには特別利益が発生した結果、「特別配当」を出したとか、あるいは会社の創業100周年記念の「記念配当」を出したとかで、配当利回りが高めになっているケースもあります。**特別配当や記念配当は、あくまでも今期における特殊事情で配当金を多めにしているだけ**なので、配当の継続性という点では、ほとんど当てになりません。来期になれば、また通常配当の水準に低下してしまうのが大半です。

また、**業績悪化で減益になった時、配当額が維持されるかどうかが、持ち続けるか売るかの重要な分かれ目になります。**

減益で減配、あるいは無配ということになると、恐らくその銘柄は売られて、株価はどんどん下がっていきます。正直、成長投資枠で投資する場合、こうした状況にどう対処するか悩ましいのですが、私は売却するべきだと考えます。

そもそも高配当を非課税で手にすることを前提にした投資をするならば、いくら新ＮＩＳＡ口座を通じての投資といっても、減配や無配の株式を持ち続ける合理的な理由はどこにもありません。売却して、他に５％、あるいは６％という配当利回りが得られる銘柄に乗り換えるほうが良いでしょう。

ただ、減益でも減配しないというケースがあります。たとえばキャリアリンク（６０７０）は、２０２４年3月期決算で大幅減益になりましたが、むしろ配当金の額を１１０円から１２０円に増配しました。有利子負債が極めて少なく、配当余力が十分にあるからこそ、このように減益でも増配できたわけですが、減益のニュースで株価が下落し、一時的に配当利回りが６％程度まで上昇しました。

ところが、減配しないという点が評価され、高配当利回り銘柄が好きな投資家の買いが集まった結果、株価は徐々に戻してきました。２０２４年3月は２７００円台で推移していたのが、４

増配は株価の下支えになる

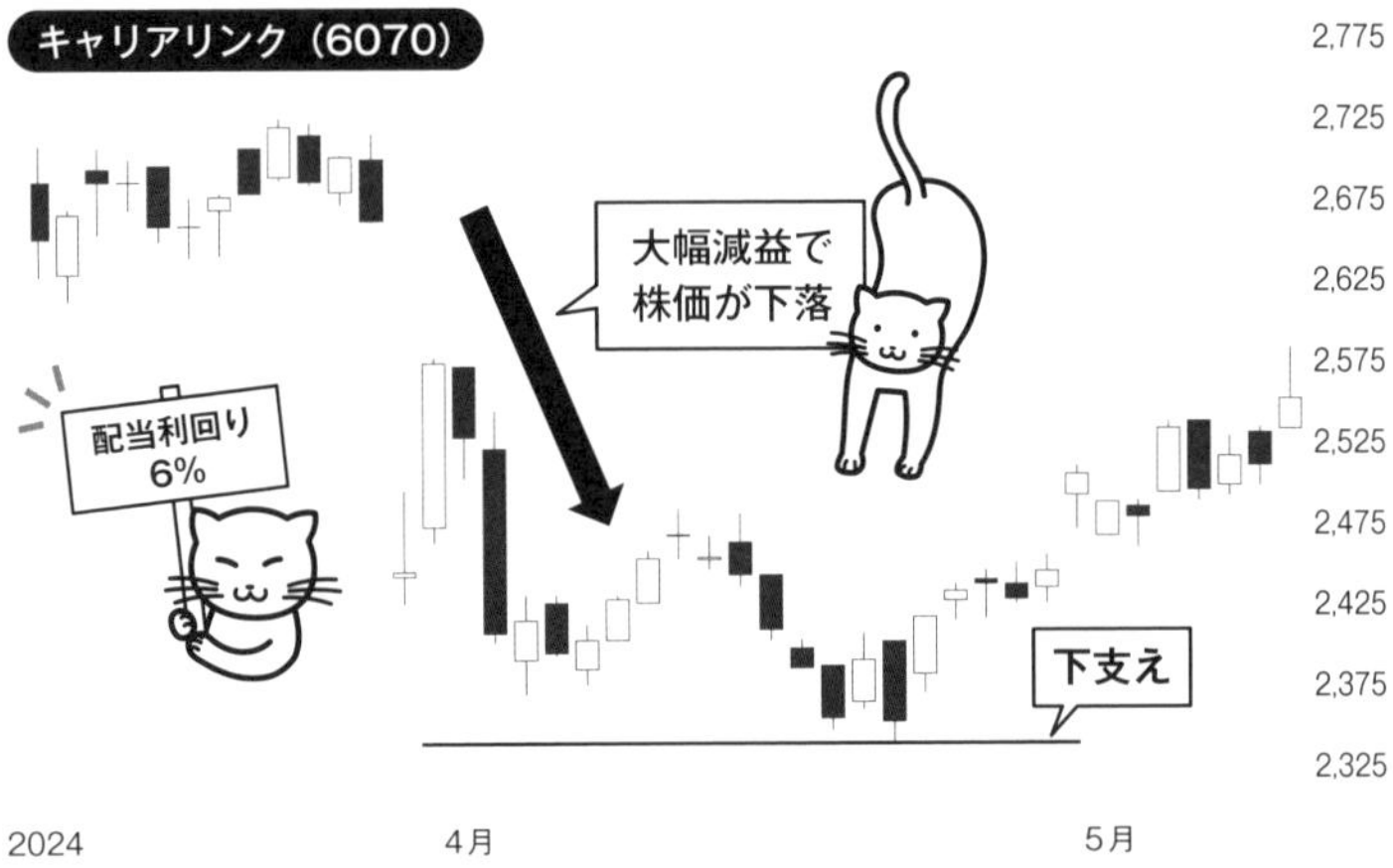

（出所）会社四季報オンライン。

月19日には２３４６円まで下落。そこから徐々に戻して、４月30日には２５１５円まで戻したのです。

減益で株式が売られたとしても、減配にさえならなければ、配当が株価の下支えになるケースのひとつです。

減配のリスクを下げるために、私が注目しているのは、先ほど述べたＤＯＥです。配当性向は利益に対する配当方針ですが、ＤＯＥは純資産に対する配当方針です。

配当性向がいくら高くても、利益が半分に減れば、配当金も半分になります。ですが、純資産は赤字決算でなければ減りません。最低限得られる配当が保証されている状況です。

たとえば、ＰＢＲ１倍の会社でＤＯＥが４％の設定なら、理論上は利益が無くても配当利回り

4%が得られます。

ただ、会社や経営陣が、絶対にDOEを守るという保証はありませんので、会社の財務状況や現金余力に余裕があることを確認しましょう。

資産バリューと収益バリュー

次に、割安株投資について考えてみましょう。基本的に**割安株投資は、「資産バリュー投資」と「収益バリュー投資」に分かれます。**

資産バリュー投資は、その会社が保有している資産に対して、株価が割安かどうかを判断して、投資先を選定するものです。そして、資産バリューを測るためのメジャーな株価指標がPBRです。

PBRは**「株価純資産倍率」**のことで、純資産とはバランスシートで言うと、「資本金」「資本準備金」「利益剰余金」「自己株式」などの合計を指しています。P（Price：時価総額）をB（Book-value：純資産）で割って求めます。株価と1株あたり純資産でも計算できます。

これら純資産は、株主のものと言い換えても良いでしょう。仮に無借金経営を行っている会社

の純資産が100億円で、株式の時価総額が70億円だとすると、その会社のPBRは、

70億円÷100億円＝0.7倍

になります。理屈の上では、70億円を出してその会社の株式を全部買い取ったうえで、その会社を解散させて資産を全部売却すれば、それだけで30億円のキャッシュが手に入る計算になります。それだけ株価が、投資家の間で割安に評価されているわけです。

PBRが1倍を下回っているということは、言い方を変えると、その会社が行っているビジネスに対する付加価値が全く認められていないのと同じ意味になります。

本来、株価はその会社が持っている純資産に加え、行っているビジネスの付加価値を上乗せして形成されますから、1倍を超えて然るべきなのですが、日本では多くの会社のPBRが1倍を割り込む状況が、少なくとも2023年3月まで続いていました。だから東証は、各上場企業に対し、PBRが1倍を超える努力をするよう勧告したのです。

次に収益バリュー投資についてですが、これはその会社の収益力と比較して株価が安いかどうかを判断して投資します。そして、収益バリューを測るためのメジャーな株価指標がPERです。

PERは**「株価収益率」**といって、純利益に対して株価が割高かどうかを見るための指標です。

資産バリューと収益バリューの違い

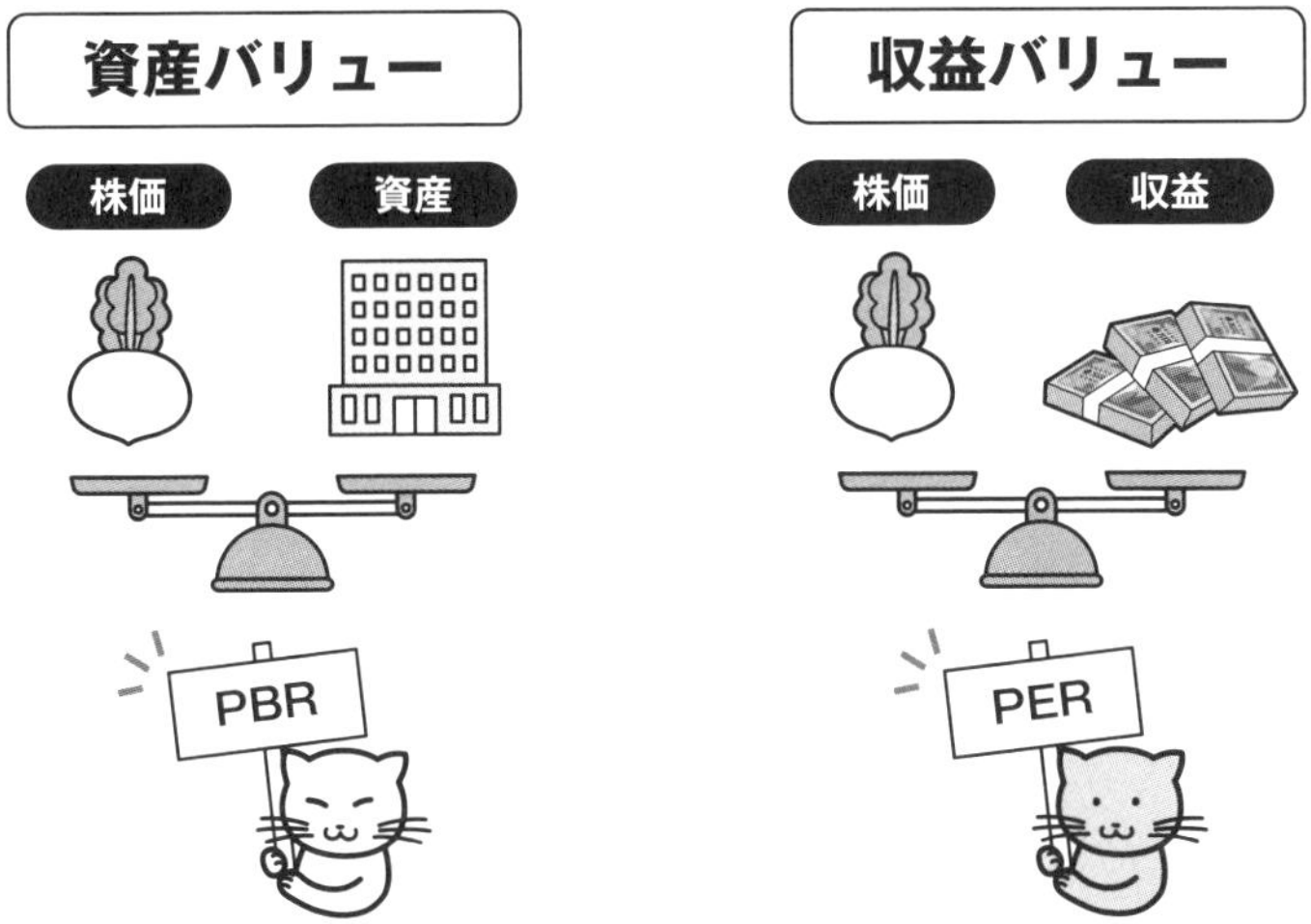

P（時価総額）をE（Earnings：純利益）で割って求めます。PBRと同じように、株価と1株あたりの純利益でも計算できます。

たとえば純利益が10億円の会社の時価総額が、200億円だとすると、この会社のPERは、

200億円÷10億円＝20倍

になります。その年の純利益が10億円で、PERが20倍ということは、株価はその会社の20年分の利益を織り込んで形成されていると考えることもできます。

したがって、**PBRが1倍を割り込んでいて、かつPERが低い会社の株式は割安だと判断できる**のですが、割安だから買って報われるかどうかは、また別の問題です。

なぜなら、株価が安いということは、どこかに注目されない理由があると考えられるからです。言い換えると投資家からの評価が低いから、低ＰＢＲ、低ＰＥＲに止まっているとも言えるのです。

したがって、割安株に投資する際には、なぜその会社の株式が投資家から評価されていないのか、という点を自分なりに調べ、アタリを付けておくことが肝心です。

ワケあり割安株に要注意

たとえばＰＢＲが0・5倍といったような、とてつもなく低ＰＢＲとなっている会社のなかには、現金を１００億円くらい持っているのに、株式の時価総額がそれよりも低いケースが散見されます。

確かに理論上、この手の会社があったら、それを買収して現金を取得することで簡単に投資を回収できると考えられるのですが、実は経営陣が強固な買収防衛策を講じていて、それができないといった事情があったりします。つまり潤沢な資産を持っているのはわかっているのだけれども、株主としての影響力を行使できないというケースです。これを**「開かない金庫」**などと言ったりもします。

あるいは有利子負債が非常に大きな会社も、ＰＢＲが割安になるケースがあります。ＰＢＲはあくまでも純資産に対する株価の評価であり、負債は全くカバーされていません。当然、借りたお金は返済しなければなりませんし、資産を売却して返済するにしても、バランスシートに計上した時の金額と同額で売却できる保証はどこにもありません。

これらの事情を考えると、**単純に低ＰＢＲだから割安でおトクだとは必ずしも言えない**ことに気付くでしょう。

結局のところ、ＰＥＲにしてもＰＢＲにしても、投資家による評価が絡んでくるだけに、当てにならない部分があることは留意しておくべきでしょう。「Ｐ」はPrice、つまり株価のことですが、株価は株式市場に参加している投資家の評価によって決まってきます。

基本的に株価は、「投資家評価」と「企業成長」の掛け算だと考えています。

会社が成長すれば、１株あたり純利益（ＥＰＳ）や１株あたり純資産（ＢＰＳ）が増えます。仮にＰＥＲが10倍のままだとしても、１株あたり純利益が2倍に増えれば株価は2倍になりますし、１株あたり純利益が変わらなかったとしても、投資家評価がＰＥＲ10倍から20倍になれば、同じく株価は2倍になります。

ただ、このうち投資家評価でＰＥＲが10倍から20倍になり、株価が値上がりするのは、正直なところあまり当てにはなりません。ついこの間までPERが50倍まで評価されていた株価が、簡単にPER10倍程度になってしまうケースが、少なからず見受けられるからです。PERが50倍から10倍になると、株価は5分の1になってしまいますが、それが比較的よく起こるのが株式市場だったりもするのです。

資産バリュー投資は初心者には難しい

投資家評価を当てにした投資は、資産バリュー投資にもよく見られます。資産バリュー投資は一見、非常に手堅い投資手法のように見えるのですが、これも結局のところ、投資家の評価が上がることに期待して投資しているのです。

たとえばPBRが1倍を超えることに期待して、PBRが0・5倍の会社に投資するのは、株価の値上がりに期待していることに他なりません。となると、これまで見向きもされていなかった株式が注目される材料が必要になります。これが「カタリスト」です。

カタリストとは、株価を動かすきっかけになる材料やイベントのことです。資産バリューに着目して投資する人たちの多くは、基本的にはカタリスト狙いと言っても良いでしょう。

たとえばＴＯＢ（株式公開買付）と言って、ある会社が、別な会社を買収する際に、現在の株価よりも高い株価を提示して、株式市場から株式を買い集めることがあります。なかでもＰＢＲ1倍割れの会社が、ＴＯＢの対象になることが多く、これによって株価が大きく値上がりしたりします。

他にも、東証がＰＢＲ1倍割れの会社にうるさく言うものだから、きっと会社側もＰＢＲが1倍を超えるような対策を講じてくるだろうと想定し、配当性向を上げてくるのではないかとか、自社株買いなどの株主還元策を取ってくるのではないか、といったカタリストに注目する投資家もいます。

こうして考えると、資産バリューに焦点を絞って投資するのは、けっこう特殊な方法であることに気付くと思います。このようなカタリストを当てにいくのは、かなり難しい方法なのです。つまり割安株投資のなかでも、資産バリューにスタンスを取るのは、少なくとも成長投資枠で初めて株式投資をするという初心者には、まったく向きません。相当、**株式市場の構造を知り尽くした人でなければ、インデックス投資には勝てない**と思っておいたほうが良いでしょう。

また、資産バリュー株が好きな投資家は、投資家評価の向上で数十％の株価上昇を狙います。寝かして待つというよりは、安く買って上がったら売るという短期売買を繰り返すことで利益を出します。

したがって、課税口座なら問題ありませんが、年間の投資枠が２４０万円までの成長投資枠には合わないと思います。

私の収益バリューの投資基準

私もバリュー投資家なので、株主還元改善や業績成長を狙える銘柄が、たまたま資産バリュー株ということはありますが、資産面の割安さだけでバリュー株に投資することはありません。同じバリュー投資ではありますが、私が注目しているのは収益バリューです。

株価は、投資家評価と企業成長の掛け算によって決まると申し上げましたが、多くの資産バリュー投資家は、企業成長には期待せず、専ら投資家評価を重視します。

対して、**収益バリューを重視する投資家は、企業成長を重視しているため、投資家評価はほとんど当てにしていません。**

投資家評価を高めてくれるカタリストを当てにいくのは非常に難しいのですが、企業成長をチェックするのは、それほど難しいことではありません。

成長投資枠を使って、これから株式投資を始めてみようと考えている人にも、比較的入りやす

収益バリューの基準

い投資法ですし、こうして選んだ会社であれば、10年でテンバガーを達成するのも比較的容易だと考えています。

簡単に収益バリューの投資基準を記しておきましょう。**重視するのはROEです。**

ＲＯＥで最低でも８％。なかには15％といったように非常に高い銘柄もあります。まずはＲＯＥの高い銘柄を見つけます。そのうえで**PERが低いのが、もうひとつの重要な条件です。**

また、インデックスに勝つためにも、ＲＯＥはインデックスに採用されている銘柄よりも高いものを探すようにもしています。

一例を挙げると、**ROEが15%で、PERが10倍程度の銘柄**というイメージでしょうか。ちなみにＰＥＲですが、たとえば30倍だったとしても、同業他社との比較で、他が40倍、50倍という場合には、30

倍でも相対的に割安であると判断できますし、絶対的な水準としては、10倍程度であれば相当に安いと判断できます。

そして、収益バリューをもう一歩進めたところにあるのが、**「割安成長株投資」**です。私のメインのポートフォリオに組み入れられている銘柄の多くは、割安成長株をキーワードにして選んだものが中核になっています。

その詳しいポイントについて、4日目で説明していきましょう。

3日目のポイント

□高配当利回り株に投資すれば、買い付け時点の株価で利回りが確定するので、安定的にキャッシュフローを得ることができます。

□高配当利回り株の注意点は、減配や無配になるリスクがあることです。

□企業の成長をチェックして投資する収益バリュー投資は、初心者でも10年でテンバガーを達成することが期待できます。具体的には、ROE15%、PER10倍程度の銘柄を探しましょう。

4日目

ここからが本番！
割安成長株を
発掘しましょう！

10年で10倍になる成長株をどう探すか？

新ＮＩＳＡの成長投資枠を使って株式投資をする場合、その対象として成長株を選ぶのは、ある意味で理想ではあります。何しろ成長投資枠を使えば、保有した株式の値上がり益を全額、無期限で課税対象外にできるのですから。

資産バリュー株に投資して1年でテンバガーを狙うのは、かなり難しいと思います。でも、**成長企業なら、10年、20年という時間をかけることによって、企業規模が10倍、20倍になる可能性は十分にあります。**それによって、株価が10倍以上になる可能性も、少なくとも資産バリュー株に比べればあると考えられます。

１２００万円を投資して、それが1億２０００万円になれば、これほど美味しい話はありません。

ただ、実際に目論見通り、10年くらいの時間をかけて株価10倍を実現できる銘柄というのは、恐らく10銘柄に分散投資したとしても、そのうちの半分にも満たないのではないかと思うのです。

これは新規上場した会社の株式の、上場した初日からの値動きを見ていくと、よくわかります。上場したての時は、その会社に対する期待感もあって、株価は大きく値上がりしていくのですが、しばらくすると期待感が剥落して、株価も急降下していくというケースが、非常にたくさんあります。

特に新規上場銘柄などというのは、ビジネスのフィールドも未成熟だったりしますし、その結果、大きく儲かることもあれば、大きく損をすることもあるなど、経営のボラティリティも高いのが普通です。

そのため時折、前期に比べて売上と利益が急増したりします。前四半期では、前年同期比で20％の売上増だったのが、今四半期ではいきなり50％の売上増になったりするのが、普通に起こるのです。

ところが、投資家はそうは受け止めません。たまたま何かの拍子で大口の契約が決まり、前年同期比で50％もの売上増になったとしても、それが今後も続いて、いよいよ自分の投資している会社が、本格的な成長軌道に乗ってくるなどと、都合の良い解釈をしてしまいがちです。

でも、残念ながら次の四半期では、前年同期比で5％くらいしか売上が伸びないといったことが、平気で起こります。

そうなった時、株価がどうなるのかというと、期待感で大きく上がった分、今度は急落して、上昇する前の水準くらいまで下がってしまいます。「結局、あの値上がりは何だったんだ？」ということになってしまうのです。決して会社が怠けているわけではなく、ちゃんと成長しようと努力はしているものの、それでもこのようなことが起こってしまうくらい、厳しい世界ではあるのです。

たとえば、AI inside（4488）やイーディーピー（7794）、プレミアアンチエイジング（4934）などは、好調時は成長株投資家の人気銘柄でした。

手書き文字をAI技術によってデジタル文字コード変換するサービスを企業向けに展開するAI insideは、2019年12月にマザーズ（現・グロース）に上場すると、株価が急上昇しました。ところが、その1年後、NTT西日本との契約が更新できず、売上が約4割消失しました。もちろん、株価は急落して浮上できずにいます。

こういう世界であるという前提のもと、成長株投資のメリットを申し上げると、前述したように、**値上がり益が期待できる**という点に尽きます。PBRが0・5倍の資産バリュー株に投資して、PBRが1倍になるところまで持ち続けたとしても、株価は2倍になる程度ですし、配当利回りが6％から3％になったとしても、やはり株価は2倍程度にしかなりません。

もちろん、株価が倍になるのも嬉しいのですが、成長株投資の爆発的な上昇に比べれば微々たるものです。**利益が10倍増になって株価も10倍増になるだけでなく、PER評価が2倍になって、最終的に株価は20倍になるなどということが、起こり得るのです。**

利益10倍増なんて絵空事だ、と思いますか？

いえいえ、時間をある程度かければ、利益が10倍増になるのは、絶対に不可能な話ではないのです。

ただし、前述したように期待感先行で株価が急上昇し、期待外れで急落などということもありますから、銘柄選びは慎重に行う必要があります。

売上高の成長か？ 利益の成長か？

成長株に投資するにあたって、何をもって「成長の基準」にすれば良いのかというと、ポイントは2つあります。

それは**「売上高」の成長**と**「利益」の成長**です。そして、投資家からの評価という点で申し上げると、売上高の成長のほうが高いように思えます。

なぜなら成長企業とは、製品やサービスがどんどん拡充して売上が伸び、それに伴ってさらに投資を加速させてマーケットシェアを高め、それが次の売上や利益につながっていくという好循環のもとで、株価がどんどん値上がりしていくものだからです。

ただ、**より安全に成長株を選びたいと言うのであれば、私は売上高の成長よりも、利益の成長**

を重視したほうが良いと考えています。

もちろん、売上高の成長を取りにいくのが、成長株投資のメインストリームだとは思います。ただ、それゆえに株価も手が届かないくらいの水準まで上昇してしまっているケースがあります。

たとえば生成AIを手掛けているハイパーベンチャー企業とか、宇宙から撮影した画像データを販売しているQPS研究所（5595）などが、典型的な事例だと思うのですが、このうちQPS研究所の売上高の成長率を見ると、2023年5月決算が前年比1966・6％増、2024年5月決算（見通し）が340・8％、2025年5月決算（予想）が40・2％というように、空恐ろしくなるほどの売上高の成長率を見せています。ちなみに2025年5月決算時点のPERは613・2倍の見通しです。

このように株価が急騰してしまうのは、誰もがそのテーマに注目しているからです。大勢の投資家が熱い視線を投げかけていますから、株価が割高になるのは当然なのです。

しかし、いくら将来の成長が期待される分野だとしても、ここまで株価が割高に評価されてしまうと、私にとってはまさに未知の世界です。

売上高の成長力という点では非常にわかりやすい銘柄ではあるのですが、**予想PERが600倍を超えているような銘柄について、株価の合理性を説明するのは、少なくとも私にとっては極めて難しい**と考えています。したがって、この手のハイパーグロースと呼ばれている銘柄は、私

予想PER600倍は未知の世界

QPS研究所（5595）

	2022/5	2023/5	2024/5	2025/5
売上高	18	372	1,640	2,300
変化率	―	1,966.6%	340.8%	40.2%
当期利益	▲387	▲1,105	140	150
PER	―	―	644.6倍	613.2倍

（注）売上高と当期利益の単位は100万円。
（出所）会社四季報オンラインの情報をもとに著者作成。

にとっては対象外なのです。

また売上高に関しては、将来の動向を正確に予測することはできません。堅調に推移していると思いきや、いきなりマーケットが冷え込んで成長に急ブレーキがかかってしまうこともあります。そうなると、売上高の成長に注目して買っていた投資家が売りに回り、株価が大きく下落してしまうことも起こり得るのですが、利益成長はもう少し確度の高いものになります。

たとえば、売上高は1000億円で変わらないのだけれども、セグメント別に見ると、高収益の事業が増えているとか、逆に低収益の事業からは縮小・撤退しているとか、そのような事情によって利益率が大きく向上しているケースがあります。

利益率は、市場環境が悪化している時でも、経営努力によって大きく改善させることができるのです。言い方を変えると、人智の及ばないところで成長を追求するのが売上高の成長であり、人智の及ぶところで成長を追求するのが利益成長というところでしょうか。

いずれにしても、売上高の成長よりも利益成長を見たほうが、運用パフォーマンスも安定するように思えるのです。特に**割安成長株投資を考えている人は、利益成長に着目して銘柄を選んだほうが、チャンスに恵まれる**はずです。

利益成長はセグメント情報に注目する

利益成長を基準にして投資する銘柄を見つけるに際しては、まずＥＰＳ（1株あたり純利益）の伸びに注目します。もちろんＥＰＳの伸びと共に売上高も伸びているに越したことはありませんが、ＥＰＳが順調に伸びている会社を見つけたら、売上高が横ばい、もしくは売上高の成長率が低かったとしても、少し深掘りして調べてみるようにしましょう。

その際の手がかりになるのがセグメント情報です。セグメントとは、事業領域のことです。単一セグメントといって、単一の製品・サービスしか提供していない企業は別にして、**複数の事業領域を持っている企業は今、どの事業領域が利益の柱になっているのかをチェック**するよう

セグメントの利益率に注目

システムサポート（4396）　（単位：100万円）

	クラウドインテグレーション事業	システムインテグレーション事業	アウトソーシング事業	プロダクト事業
売上高	5,319	11,315	1,772	693
利益	813	217	209	196
利益率	15.3%	1.9%	11.8%	28.3%

（出所）システムサポートのIR情報をもとに著者作成。

にします。特にEPSが大きく伸びている時などは、セグメント情報を見ると、その理由を知ることができます。

たとえばシステムサポート（4396）という会社は、もともとシステムインテグレーション事業を柱にしているのですが、その事業はあまりぱっとしないものの、クラウドインテグレーション事業がものすごい勢いで伸びているのと同時に、非常に高い利益率をもたらしています。

ただ、マーケットが成熟しているシステムインテグレーション事業の売上高と利益が大きいため、クラウドインテグレーション事業がものすごい勢いで成長していたとしても、会社全体の売上や利益の伸びが平均化されてしまい、その成長に気付かないということが、ままあります。

これはシステムサポートに限ったことではなく、

複数の事業領域を持つ他の会社にも当てはまることで、だからこそ割安な株価で投資することができるとも言えるのです。

逆にいえば、とても堅調な事業領域を持っているにもかかわらず、他の事業領域が邪魔をして、全体で見ると業績横ばい、といったケースもあります。

サイバーリンクス（３６８３）という、和歌山県に本社を構えている会社がそれです。食品スーパーマーケット向けにＳａａＳで基幹システムを販売している会社です。

前述したようにＳａａＳはストック型ビジネスの代表的なものであり、だからこそ徐々に売上高や利益が積み上がっていく、長期投資には理想的なビジネスモデルであるはずなのですが、なぜかこの会社は和歌山県でドコモショップを展開していて、これが業績の足を思いっきり引っ張っています。

今、ドコモは販売インセンティブを非常に厳しく見直していることもあり、収益が上がりにくくなっています。儲からない事業なのに、なぜか他のドコモショップを買収して販売網を拡大したりしています。この点は全く評価できないのですが、視点を変えると、この利益を全く生まないドコモショップ事業を切り離せば、サイバーリンクスの業績は劇的に改善される可能性があります。

なぜ、それをやろうとしないのか、という点については、私もよくわからないのですが、もしドコモショップ事業を他社に売却するというニュースが入ってきたら、サイバーリンクスは買いです。

このように、セグメント情報を見て悪い材料があったとしても、災い転じて福となすではありませんが、不採算事業の切り離しが株価の上昇に転じるケースも十分に考えられます。

そのようなことを考えながら、仮説を立てておくのです。もし、その**仮説通りのことが起こったというニュースが飛び込んできたら、迷わずに買いです。**

あとは本来、成熟産業と見られている事業領域の会社でも、思いがけない形で高成長企業に転換するケースがあります。

ワークマン（7564）はその代表的なケースでしょう。もともと作業服を中心に販売していたのが、コンセプトを変えて女性向けファッション領域に進出したことにより、成長企業に生まれ変わりました。この手の変化も、丁寧にセグメント情報をチェックすることで把握できます。

セグメント情報を見て投資のヒントを得ることの、もうひとつのメリットは、セグメント情報に着目している投資家が、意外と少ない点にあります。

セグメント情報が詳細に掲載されているのは、「有価証券報告書」などの決算説明資料です。株式投資をしている人でも、なかなかここまで目を通す人はいないのが現実です。セグメント情報を通じて株価の好材料に気付いたとしても、それが株式市場に広がるには時間がかかるので、まさに気付いた者勝ちですし、**決算説明資料にまで丁寧に目を通した人に与えられる投資チャンス**とも言えるのです。

ハイパーグロース銘柄は売りの判断が難しい

恐らく、本書の読者の方のなかには、ハイパーグロース銘柄で一攫千金を狙っている人もいるかも知れませんので、成長株のなかでも極めて高い成長に対する期待感から買われる、ハイパーグロース銘柄についても、少し触れておきたいと思います。

生成ＡＩなど流行のテーマで、かつこれからマーケットが急成長していくと思われるビジネスに関連した会社への投資は、株価が大きく値上がりする可能性がある反面、先行きに対する期待感、あるいは売上増に対する期待感などが剥落すると、株価が急落する恐れがあります。

この手の銘柄を成長投資枠で買い付け、株価が数倍、十数倍に値上がりしたところで上手く売却できれば、非課税で大きな値上がり益を得られますが、**ハイパーグロース銘柄への投資で一番難しいのは、売り場を見つけること**でしょう。

株価がどんどん値上がりしている局面では、「もっと上がるはず」という気持ちが先に立ち、売り場を見つける目が曇っている恐れがあります。そして、肝心の売り場を逃すと、とんでもない暴落に直面してしまう恐れがあるので、ここではハイパーグロース銘柄に投資した場合の「逃げ方」について、触れておきたいと思います。

売り場を判断する際の大前提は、まず成長率の鈍化です。売上高の成長率に鈍化する兆しが見えたら即、売ってください。あるいは、強力なライバル企業が出現した時も売りです。

ただ、**ハイパーグロース銘柄の場合、悪材料が明らかになった時には、すでに時遅し、というケースが大半です。**すでに暴落へと転じている恐れがあるのです。

そこで、事前に急落を察知するうえで参考にしたいのが、チャートです。正直なところ、私自身はチャートをほとんど使わないのですが、ハイパーグロース銘柄だけは例外です。

株価は大きく上昇した後、下落に転じるまでボックス圏で推移するのが一般的です。このボックス圏の推移がどのくらい続くのかは一概に言えませんが、ボックスを割りこんで株価が下がった時には、まだニュースにはなっていないけれども、どこかの消息筋が事前に悪材料の情報を手にして、売りに回ることも考えられます。

なので、この手の銘柄に投資していて、天井圏でのもみ合いを下に割り込むようなことがあったら、成長投資枠を通じて投資していたとしても、売却することをお勧めします。

成長株は株価が下がっても買い手が現れない

ハイパーグロース銘柄を含めて、成長株に投資した後、株価が下落に転じた時に売却をお勧めするのは、**成長株は株価が下落したところで割安株にならない**から、という理由もあります。

たとえば、ＰＥＲが１００倍の成長株があったとして、その株価が半分に値下がりしたとしても、ＰＥＲは50倍です。３分の１になったとしても、ＰＥＲは30倍とちょっとの水準ですから、いくら株価が３分の１になったとしても、ＰＥＲが30倍ではとても割安株とは言えないでしょう。

結果、株価が大きく下げたにもかかわらず、買い手がなかなか現れないという状況に陥ってしまいます。買い手が現れなければ、株価が底を打って上昇に転じることにはなりません。そこからさらに株価が下げるケースもあります。

もちろん、成長投資枠で投資しているのであれば、そこは割り切って長期保有することもできないことはないのですが、投資効率という点を考慮すると、株価の急落に付き合うのは、あまりお勧めできません。

たとえば、ＣＹＢＥＲＤＹＮＥ（７７７９）という、装着型のロボットスーツを開発している企業は、２０１４年４月に７８０円で上場した後、２０１６年６月１日に２６７９円の高値を

成長株が急落するとなかなか買い手が現れない

（出所）会社四季報オンライン。

つけましたが、そこから延々と株価が下落を続け、2024年5月2日時点では201円となっています。

過去の最高値から見ると、実に約13分の1まで下落してしまったのです。しかもこの間、株価は一時的に上昇する兆しを見せた場面もありましたが、基本的にはそこから大きく上昇トレンドに戻ることがなく、下げ続けているのです。

ここまで長期間にわたって株価が下げ続けているのは、誰も割安感を覚えて逆張りの買いを出さないからです。

しかも成長株の場合、利益が出ていたとしても配当せず、投資に回してさらなる成長を目指す会社も多いので、株価が下げたところで配当利回りによる買い支えも期待できません。

この点、**割安成長株の場合、将来の成長可能性の**

高い銘柄に、比較的割安な株価水準で投資しますから、仮に株価が下げに転じたとしても、他のバリュー投資家が買ってくれる可能性があります。

たとえば、ＰＥＲが10倍の銘柄に投資した後、相場の地合いが悪化して、株価が２割下がったとしても、この時点でＰＥＲは８倍なので、その割安さに注目して買ってくれる投資家が、必ずいます。

加えて、割安成長株の場合、配当をしっかりと出している会社も多いので、多少、株価が下落したとしても、配当利回りで買われることも十分に期待できます。

高配当株も資産バリュー株も力不足

ここまで読んでくださった方は、新ＮＩＳＡの成長投資枠でどのような銘柄を買うべきなのか、何となくわかってきたのではないでしょうか。それをはっきりさせるために、少し復習をしたいと思います。

３日目に解説した「高配当株」は、安定した配当利回りを受け取り続けたいと考える投資家には向いていますが、基本的に「高配当利回り＝株価が低水準」であり、株価が低水準ということは、投資家評価が低いことの現れでもあります。

株価自体は低水準で安定推移するのかも知れませんが、成長株のように大きな値上がりは期待できません。大手総合商社やメガバンクのように、資産バリュー株や高配当株が大きく株価上昇するケースもありますが、あくまで株主還元改善や業績成長期待による株価上昇です。やはり、株価上昇には業績の成長性が必要不可欠です。成長投資枠で1200万円を1億2000万円にしたいと考えるのであれば、高配当利回り銘柄への投資は避けたほうが良いでしょう。

次に同じく3日目に解説した「割安株」ですが、割安株のなかでも資産バリュー株は、企業成長ではなく投資家評価を重視します。投資家評価を高めてくれるためのカタリストを見つけにくいゲームです。

ただ、カタリストはそう簡単に見つかるものではありません。そもそも、自分が投資した資産バリュー株にカタリストが登場して、株価を押し上げてくれるかどうかを事前に察知するのは、かなり困難です。

2023年は、3月に東証がPBR1倍割れ企業に対して、その改善策を求めたことから、これが大きなカタリストになり、資産バリュー株の値上がりを促しました。

この流れはまだこれからも続く可能性はありますが、それでもPBRが1倍を割り込んだままの会社は、まだたくさんあります。この中から、TOBやMBOの実施、あるいはアクティビストの介入による株主還元改善要求といったカタリストが登場する可能性の高い会社を当てにいくには、難易度の高い判断が求められます。

資産バリュー株の投資は、一見すると堅実な投資法に見えるのですが、**会社の成長期待を捨て去り、カタリストの登場に全振りしている時点で、かなり特殊な投資法である**ことがおわかりいただけたかと思います。

もちろん、カタリストが現れなかったとしても、そもそも割安な株価水準で投資しているので、マーケットが荒れたからといって、株価が大きく下落するようなことはないでしょう。

したがって、いつになるかはわからないけれども、いつかカタリストが現れることに期待して、割り切って資産バリュー株を持ち続けるという手はあります。

ただ、資産バリュー株は、前述したようにカタリストが現れない限り、株価の上昇に弾みがつかないし、仮にカタリストの登場によってPBRが0・5倍から1倍まで修正されたとしても、株価は2倍程度にしかなりません。

したがって、成長投資枠の1200万円を資産バリュー株で固めたとしても、1億2000万円にするには、いささか力不足ではないかとも思うのです。

割安成長株が成長投資枠の王道銘柄

　したがって、資産を10倍に増やすうえで最も合理的な選択は、成長株投資ということになります。ただ成長株投資といっても、**ハイパーグロース銘柄は株価のボラティリティが高く、売上高の成長率が鈍化すると、それだけで大きく売られる**ケースがあります。株価は急落し、そこから短時間での回復も覚束ない、という状況に直面する銘柄も、少なくありません。

　確かに、成長投資枠は非課税期間が無期限ですし、新ＮＩＳＡは恒久化されましたから、大きく株価が下げたとしても、ひたすら持ち続けて、株価が回復するチャンスを待つという戦略も取れなくはないのですが、株価の回復に時間がかかればかかるほど、ポートフォリオの投資効率は低下していきます。

　これはハイパーグロース銘柄のチャートを見ればわかりますが、高値を付けた後、大きく下落すると、極めて長い時間をかけて株価の調整が続き、再び過去最高値を更新するまでに、数年単位の時間を必要とするのが普通です。

　今が30代で、この先、まだまだ何十年も投資し続けられるような人なら、ポートフォリオの一部にこの手の銘柄を加えてみるのも一興だとは思いますが、50代、60代でこの手の銘柄に投資す

割安成長株投資で10年で10倍を目指す

ROE15%程度、PER10倍程度
利益がしっかり成長している

⬇

下落しても割安株として買われる
株価が急騰する可能性がある

るのは、かなりのリスクが伴います。よく考えてみてください。65歳でハイパーグロース銘柄に投資して大暴落に遭い、その後、10年くらい株価が元の水準に戻らなかったら、この時点でもう75歳です。

確かに元の水準に戻れば、損をしないことになりますが、65歳から75歳まで、全く運用していなかったのと同じことになります。残された時間を考えても、シニアに向いた投資対象とは言えません。

このように考えていくと、**新NISAの成長投資枠を使って、1200万円を1億2000万円にしたいのであれば、割安成長株投資が適している**という結論になります。

割安成長株投資は企業の成長に着目した投資法です。ＲＯＥが15%程度で、かつＰＥＲが10倍程度が条件です。そのうえで、利益がしっかり成長している企業を探します。売上高の成長ではなく、あくまでも利益の成長です。

割安成長株投資は、成長株投資の亜種ともいうべきものかも知れませんが、株価が下落した時には、割安株としての側面も持ち合わせているため、バリュー投資家が割安感に魅力を感じて買ってくれる可能性があります。

つまり他の成長株のように、成長率の鈍化など投資家の期待に添えない事情が生じた時に、株価がひたすら下げ続けるといったリスクを、最小限に抑えることができます。

このような銘柄を、『会社四季報』などを情報源にして見つけ出し、成長投資枠で保有し続ければ、10年後、20年後にポートフォリオの資産価値が10倍以上になることも、夢ではありません。

4日目のポイント

□売上高の成長を重視するのが成長株投資のメインストリームですが、より安全に成長株を選ぶのであれば、利益の成長を重視しましょう。

□EPSが順調に伸びている会社を見つけて、セグメント別の利益成長をチェックすると、お宝銘柄に出会えます。

□短期で一攫千金が狙えるハイパーグロース銘柄は、売りの判断が難しく、株価が下がってもPERが高くて買い手が現れないので、成長投資枠での投資には向きません。

5日目

投資情報は『会社四季報』だけで十分です！

『会社四季報』で割安成長株を見つける方法

『会社四季報』は全体相場が下落していると売れ行きが鈍るとも聞きますが、**私は下落相場の時ほど頼りになる情報源だと思っています。**なぜなら、常にフラットな目線で収集された情報が盛り込まれているからです。

これは相場をやっている人であれば、おそらくわかっていただけると思うのですが、投資家心理は、上昇相場の時ほど強気になり、企業の実力を過大に評価してしまいがちですし、逆に下落相場が続くと弱気になり、企業の見方が必要以上に慎重になってしまいます。

結果、株価が割高なのに買ってしまったり、割安に放置されているのに買えなかったりします。

下落相場の真っ最中であれば、本来なら割安銘柄を丹念に拾っておきたい局面ですが、「ひょっとしたら、もう少し下げるのではないだろうか」などと慎重になってしまい、割安で放置されているお宝銘柄が目の前にあるのに、なかなか買えないという人もけっこういるような気がします。

そういう時だからこそ、私は『会社四季報』をしっかりチェックすることをお勧めしたいと思います。

割安成長株を見つける5ステップ

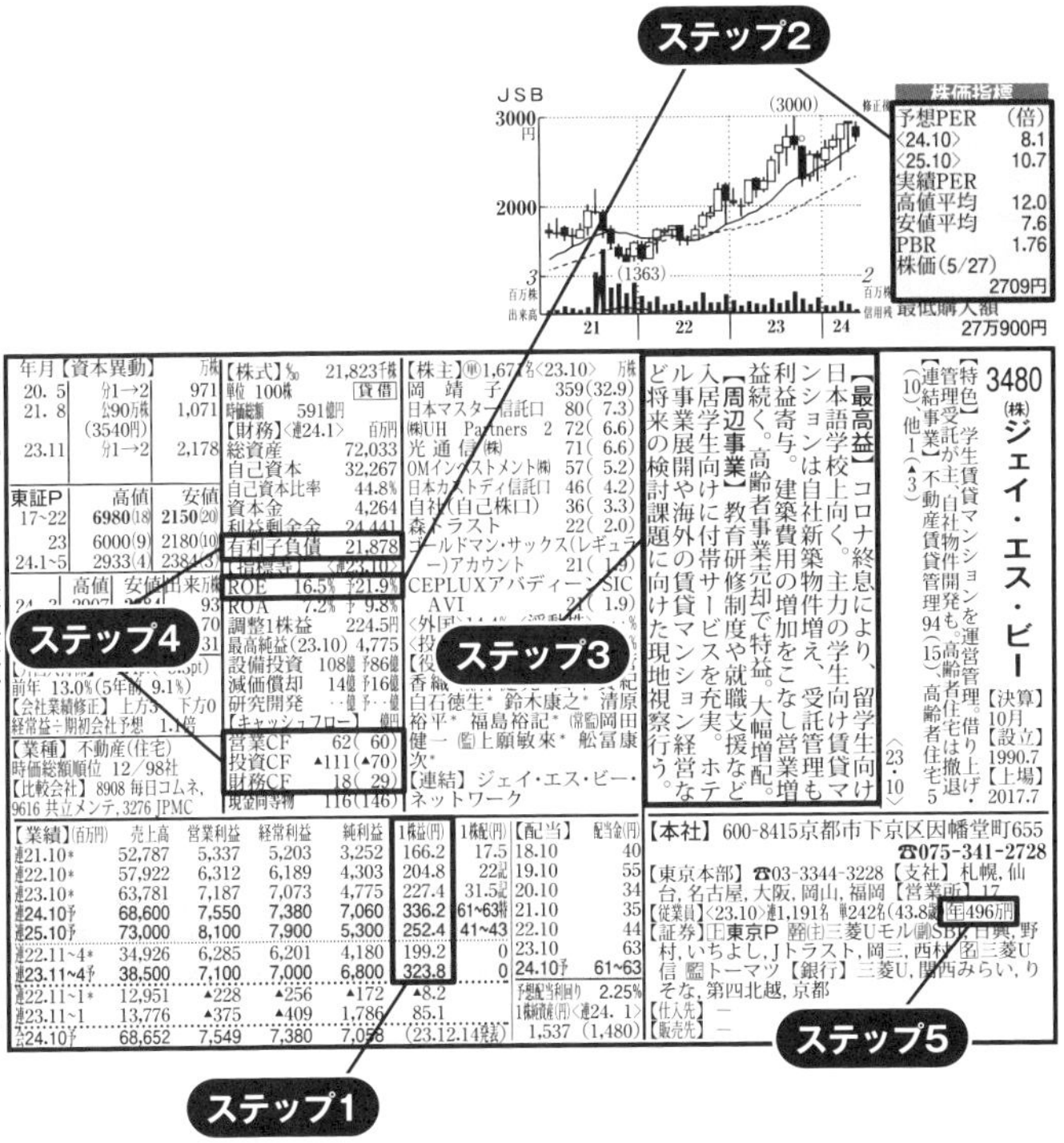

（出所）『会社四季報』2024年夏号。

ざっと私流の『会社四季報』の見方について説明したいと思います。4日目でも触れましたが、私は新NISAの成長投資枠では「割安成長株」に投資するのが良いと考えていますので、『会社四季報』を用いて、将来有望な割安成長株を探すには、どういう手順が良いのかという視点を交えながら説明します。

『会社四季報』をお持ちの方は一緒に見ていきましょう。ここでは、2024年夏号を使いますが、どの号でもかまいません。会社四季報オンラインでもOKです。

何かサンプルになる銘柄があるとわかりやすいので、ここでは学生マンションの管理運営をしているジェイ・エス・ビー（3480）を取り上げます。

『会社四季報』でジェイ・エス・ビーのページを開いたら、「業績」→「株価」→「株価指標」→「指標等」→「業績記事・材料記事」→「財務」→「キャッシュフロー」→「比較会社」→「従業員」の順番で確認していきます。

ステップ1　1株益の伸びをチェック！

割安成長株投資で大事なのは「利益の成長率」です。私は、【業績】欄の「1株益」の数字から前期比成長率を計算します。計算式は次の通りです。

（当期1株益−前期1株益）÷前期1株益×100

たとえば、2020年10月期の1株益の成長率を計算すると次のようになります。

（144・5−121・0）÷121・0×100＝19・4％

翌期以降も計算すると、このようになります。

２０２１年10月期＝15・０％
２０２２年10月期＝23・２％
２０２３年10月期＝11・０％
２０２４年10月期（予想）＝47・８％

２０２４年10月期は株式譲渡による特別利益が計上されるため、前期比約48％増という、少しイレギュラーな数字になっていますが、基本的には順調に10％超の成長率を維持していることがわかります。このように**毎期10％、あるいは20％ずつ安定して1株益が伸びていることが、割安成長株の条件**になります。

ちなみに【業績】欄には営業利益、経常利益、純利益、１株益という４つの利益が掲載されていますが、これらの数字を比較することによって、会社の大まかな傾向を推測できます。

たとえば、営業利益に比べて経常利益が少なかったとしたら、ひょっとしたら有利子負債の金利負担が重いのかも知れないとか、経常利益が突出して大きい場合は、子会社からの持ち分利益が大きいのかとか、あるいは経常利益と純利益の比率を見て、純利益がやたらと小さい時には特別損失、純利益がやたらと大きい時には特別利益があるのではないか、といったように考えていきます。

極端な例ですが、岩塚製菓（２２２１）は、１９８３年に技術協力のため資本業務提携した台湾の旺旺集団からの株式配当金が巨額で、利益のほとんどがその配当金で占められるという珍しい会社です。

ステップ2 株価、予想PER、ROEをチェック！

それを見た後は「株価」と「株価指標」のチェックです。**どれだけ成長率が高くても、株価が割高な水準にあるようでは、割安成長株投資になりません。**

ジェイ・エス・ビーの株価をチャートで見ると、綺麗な右肩上がりで上昇していますが、【株価指標】欄の予想ＰＥＲは２０２４年10月期で8・1倍、２０２５年10月期で10・7倍です。しかも、今期予想は約29億円の株売却特益込です。ざっくり実質純利益50億円相当として、予想ＰＥＲを計算すると、13・4倍ですから、十分に割安株とみなしても良い水準にあります。【指標等】欄のＲＯＥが16・5％という点も、割安成長株としては合格ラインです。

ステップ3 四季報記者のコメントをチェック！

【業績記事・材料記事】欄では「増益続く」という見出しがあるように、売上高、経常利益、純利益、１株益ともに毎期、増収増益であることが確認できます。記事のコメントで私が特に重視しているのは、**今期後半や来期にかけて何をしようとしているのか**、といった点です。四季報記者が取材で集めてきた、今後の経営戦略の一端を垣間見られるようなコメントに注目しています。

ステップ4 有利子負債と営業キャッシュフローをチェック！

次に【財務】欄と【キャッシュフロー】欄で、有利子負債がどのくらいあるのか、営業キャッシュフローがプラスを維持できているのかなどをチェックします。

その時、**同業他社との比較によって、どこが違うのかといったビジネスの特性を把握するようにします。**ちなみに有利子負債が大きい場合は、配当性向が低くなる傾向があるので、そこは注意して見ておきましょう。

同業他社は、【比較会社】欄に載っています。たとえば、ＪＰＭＣ（３２７６）と比較してみると、次のようになります。

●ジェイ・エス・ビー
有利子負債 218億7800万円
営業キャッシュフロー 今期62億円、前期60億円
予想配当利回り 2・25％

●JPMC
有利子負債 21億6400万円
営業キャッシュフロー 今期20億4000万円、前期23億6500万円
予想配当利回り 4・59％

両者を比べると、有利子負債はジェイ・エス・ビーのほうが多いですが、営業キャッシュフローがプラスを維持できているので問題無い範囲です。また、売上と利益の成長率も利益率もジェイ・エス・ビーのほうが良いです。

一方、JPMCの強みは、配当性向も配当利回りも高いことです。ジェイ・エス・ビーは配当

が低いのが欠点ですが、増配傾向で増えてはいます。
したがって、JPMCは安定的に高配当を得るには良さそうですが、成長力や増配期待からジェイ・エス・ビーのほうが期待できると判断します。

ステップ5 従業員の平均年収をチェック!

ここまでのチェックでも十分ですが、ほかの投資家があまり見ていないと思われる項目で、私がチェックしているのは【従業員】欄の平均年収です。

構造不況業種であるといった理由がないのに、年収が低い会社は要注意です。「従業員搾取」が甚だしいブラック企業の恐れがあります。

それに、「世界最先端の技術を用いて……」などと紹介されている会社で働いている従業員の平均年収がたとえば300万円だとしたら、何かがおかしいと思いませんか。

設立から間もない会社であれば話は別ですが、本当に優秀な人材が集まっていて、オンリーワンの技術力を有し、高成長を続けているような会社なら、従業員の平均年収は高くてしかるべきです。

このように、何か違和感を覚えるような会社への投資は、避けたほうが無難です。

四季報予想の実戦的な使い方

『会社四季報』の業績欄の一番下には、今期業績の会社予想が掲載されていますが、会社予想と四季報記者による独自予想の差にも注目しましょう。**四季報記者の独自予想が会社予想を上回っている銘柄があったら、自分自身のウォッチリストに入れておきます。**

業績予想は会社側も出してくるのですが、一般的に強気の予想を出してくる会社は少数です。強気の予想を出したものの、実際にはそれに届かず、というのでは恰好が付かないからです。

恰好が付かないだけなら、まだ良いのですが、上場企業の場合、株価に大きな影響を及ぼします。業績予想に届かないということが、決算を経るなかで明確になってしまったら、株価は下落することになります。そのため、**多くの会社は、業績予想を出すにあたって、保守的な数字を出してくるのが普通です。**

私が四季報予想と会社予想を比較して思うのは、けっこう四季報予想がコンセンサスになっていて、会社予想はそれよりも低めに出してくるケースが多いということです。

四季報の記者はどのようにして業績見通しを立てているのでしょうか。以前、それを事情通に聞いたことがあるのですが、記者が財務担当役員などに取材をして、「今期の業績予想はどうですか？」と質問し、それに対する回答と、記者が入手している決算・財務データ、そして材料などを考慮したうえで、会社予想よりも上にするか、それとも下にするかを決めるのだそうです。

ただ、前述したように多くの企業は保守的な見通しを出してきますから、会社予想は四季報予想に比べて若干、下の数字を出してくるケースが多く見られます。そして、実際の決算数字は、四季報予想とほぼ同じか、それを上回るところで着地させていくというイメージです。

当然、**四季報予想を上回る可能性が出てくれば、サプライズになります。**したがって、四季報予想と会社予想を比較して、四季報予想が会社予想を上回っている会社があれば、それをいつでもチェックできるよう、自分自身のウォッチリストに加えておくのです。

ところで『会社四季報』は、「新春号」「春号」「夏号」「秋号」というように年4回、発行されます。私は、期末にサプライズが起こりそうな会社を株価が安い時に見つけるために、**各号に掲載される今期業績の会社予想と四季報による独自予想の変化に注目しています。**具体的には次のようなことをチェックしています。

夏号 会社予想と四季報予想の差をチェック！

『会社四季報』の各号の中で一番注目されるのは6月に発売される夏号です。日本では3月決算企業が多いのですが、発刊のタイミング的に夏号には、今期と来期の業績見通しがそろって掲載されるからです。もちろん、前期の実績も掲載されています。

夏号は今期1年間の業績を占う最初の号です。なかでも今期の業績見通しに関しては、まだ今期の序盤戦ということもあるので、会社が出してくる業績見通しはかなり慎重な数字になる傾向があります。これに対して、**四季報記者がどのように独自の業績見通しを出してくるのか、という点に注目しています。**

秋号 四季報予想の上方修正をチェック！

夏号の次は9月に発売される秋号です。秋号に関して私が注目しているのは、第1四半期（4～6月）を終えた3月決算企業の一部について、四季報記者が今期（通期）の業績予想を独自に上方修正してくるのではないか、という点をチェックします。

また、発売前に会社四季報オンラインが配信する「四季報先取り」に出てくる銘柄をチェックします。もちろん『会社四季報』が書店に並んでから「上方修正予備軍」を探して投資してもよいのですが、四季報オンラインの会員ならば、それよりも早く「四季報先取り」で「予備軍」を把握できるので、より有利に投資できるはずです。

会社予想と四季報予想の変化に注目

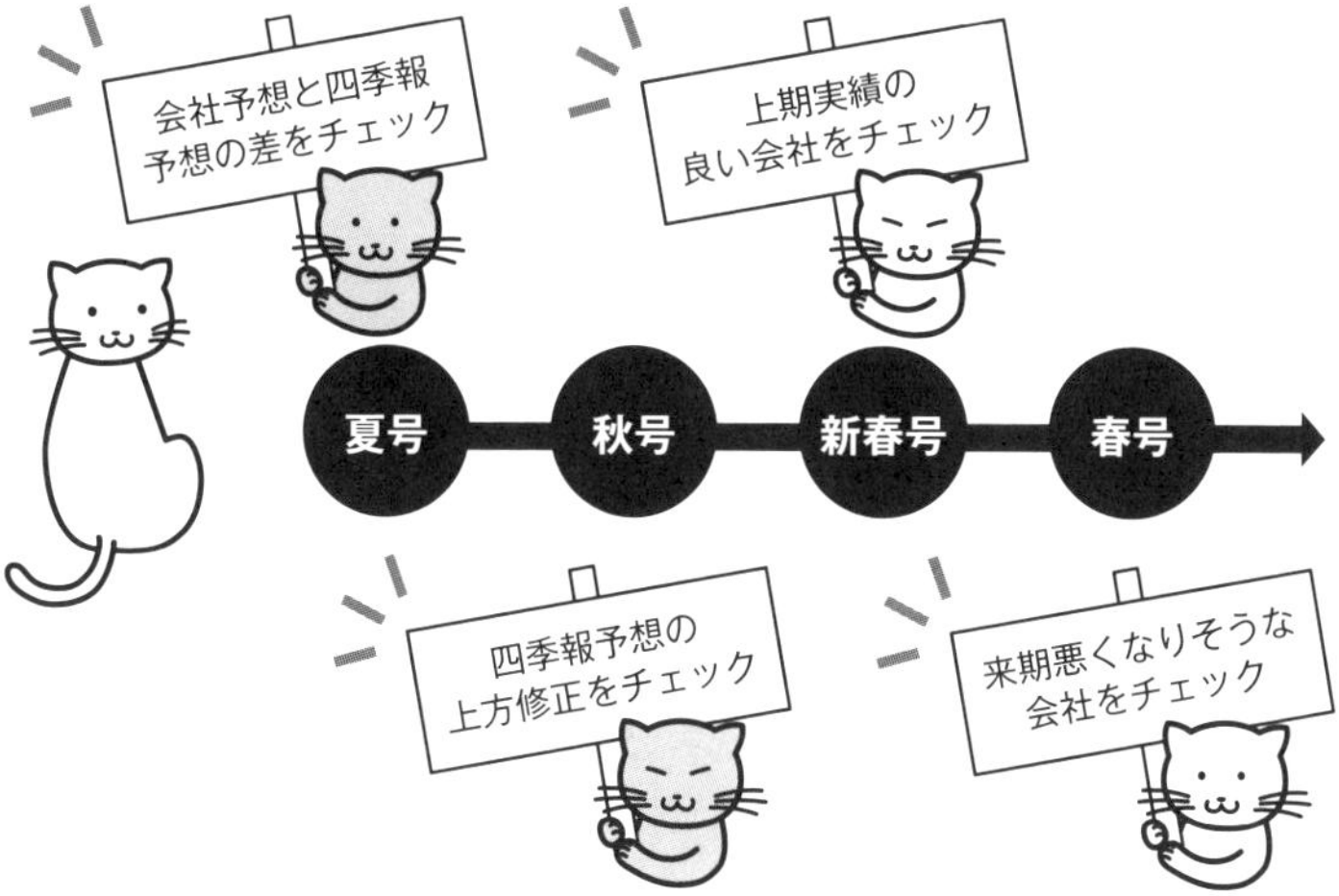

実は、秋号は年4回発売される『会社四季報』の中でも、やや盛り上がりに欠けるところがあります。夏号には、前述したように3月決算企業の前期実績と今期予想に加えて、来期の予想が初めて掲載されます。また12月に発売される新春号では、上期の実績が出そうろうため、四半期進捗率がよく、四季報記者が業績を独自増額する企業がポツポツと出てきます。

これらに対して秋号の場合、3月決算企業の第1四半期決算が出たばかりなので、夏号と比べて、内容は大きく変わりません。ただ、なかには第1四半期が絶好調で、その傾向が第2四半期以降も続くケースがあります。この手の会社のなかには、第2四半期決算の発表と同時に通期予想を上方修正するケースもあります。

また、**第1四半期決算が良好な企業を見つけたら、**

同業他社の動向もチェックします。というのも、その企業が属している業界全体の経営環境が良好であるケースがあるからです。その場合は投資対象を広げることができます。

新春号　上期の実績がよかった銘柄をチェック！

新春号のポイントは、3月決算企業の上期（4～9月）の実績が掲載され、今期営業利益の独自増額の頻度や確度が、秋号よりもさらに高まることです。

秋号の進捗率は、特に出足の好不調を見るうえで参考になりますが、不確定要素も多いので、仮に進捗率が高かったとしても鵜呑みにすることはできません。

基本的に、営業利益の四半期進捗率が25％を超えていれば、通期の業績予想が上方修正される可能性が高まると考えられますが、秋号の時点では、本決算までまだ3四半期（9カ月）を残しているので、その間に経営環境が大きく変わることも十分に考えられます。

これに対して新春号の四半期進捗率は、3月決算企業の上期実績が発表されてからの数値です。これが50％を超えていれば、上方修正の可能性がいっそう高まるものと考えられます。

したがって、新春号では、**上期の実績が50％を超えている銘柄をウォッチリストに加えて追いかける**ようにしています。

春号 来期予想が悪くなりそうな銘柄をチェック！

そして、３月に発売される春号のポイントは来期予想です。３月決算企業は、第３四半期を過ぎていて、今期決算の仕上がりはほぼ見えてきています。まず私が注目しているのは、**春号に掲載される来期の予想が、今期に比べて悪くなりそうな銘柄**です。こうした銘柄は、早めにポートフォリオから外すことを検討します。

まだ1年も先の話ではありますが、今の時点で来期予想が減収、もしくは減益となるような企業には、何らかの悪材料があるかもしれないと考えられるからです。

四季報オンラインの「先取り情報」でお宝を探す

会社四季報オンラインの強みは、何といってもさまざまな投資情報が配信されている点です。有料会員になれば、『会社四季報』の記事や財務データなども過去に遡ってチェックできます。特に変化の大きな業種の場合、過去の見出しと株価の推移を照らしてみるなど、銘柄を探すうえでさまざまな使い方ができます。

私はプレミアムプランを使っています。有料会員には会社四季報オンライン編集部が選出したお宝銘柄が『会社四季報』の発売前に先行配信されるからです。

先取り情報は3種類あります。まずは、「速報！サプライズ銘柄」です。四季報記者の独自予想が強気な銘柄について、10日間にわたって毎日5銘柄ずつ配信されます。

さらに、先取り第2弾となる「東洋経済グロース100」が配信されます。これは会社四季報オンライン編集部が選んだ期待の高い成長株で、3カ月ごとに入れ替えているものです。四季報発売前に20銘柄ずつ、うち10銘柄はプレミアム会員限定ですが、5日間にわたって配信されます。

その後の5日間は、日経平均株価を構成している225銘柄を中心とした「主力株300」が、60銘柄ずつ5日間にわたって配信されるので、これも併せて注目しています。

これらの先行配信される情報は、会員限定ということもあり、見ている人は限られていますので、有力な銘柄探しのツールになります。

また、**先取り情報の配信の強みは、紙の『会社四季報』が書店に並ぶまでに、一定のタイムラグがある**ことです。

このタイムラグを利用して、などと言うと少し聞こえが悪いようにも思えるのですが、先取り情報が配信された段階で、ポジティブな銘柄をいくつか見繕っておき、紙の『会社四季報』が発売される前に買っておけば、紙版の発売後、その内容を見て同じ銘柄を買ってくれる投資家が出てくる可能性があります。

『会社四季報』といえば紙と思っている個人投資家は少なくありませんし、私自身も紙の一覧性は便利と思っているので、紙の『会社四季報』も購読しているのですが、便利さという点では会社四季報オンラインです。

もちろん、紙の『会社四季報』も、オンラインでは得られないメリットがあるので、併用しています。会社四季報オンラインは、過去のデータを遡ったり、スクリーニングをしたりと、特定の目的を遂行するために使うことが多いため、意外な出会いというものがありません。

この点、紙の『会社四季報』だと、時間のある時に何気なくページをめくり、そのなかで「あれ？」というような、気付きを得られることがあるのです。そんなこともあるので、私は両方を使うようにしているのです。

5日目のポイント

□『会社四季報』の調べたい会社のページを開いたら、「業績」→「株価指標」→「株価」→「業績記事・材料記事」→「財務」→「キャッシュフロー」→「平均年収」の順番で確認していきましょう。

□『会社四季報』の業績欄の一番下にある会社予想よりも四季報記者による独自予想が上回っている銘柄をウォッチリストに入れておきましょう。

□会社四季報オンラインが有料会員に配信する先取り情報を活用して、『会社四季報』の発売前に有望銘柄に当たりをつけましょう。

6日目

PER、PBR、ROICはこれだけ理解すれば十分です!

株価が割高なのか、割安なのか

これまで必要に応じて触れてきた株価指標について、少し深掘りしてみたいと思います。

まずはPERです。PERはPrice Earnings Ratioの略称で、**「株価収益率」**のことです。株価を1株あたり純利益（EPS）で割って求められます。

PER＝株価÷1株あたり純利益

つまり、現在の株価が利益に対して何倍まで買われているのかを見るためのもので、**この数値が高くなるほど、株価が収益に対して割高に買われている**と解釈されます。

この「何倍」については、絶対的な水準があるわけではありません。基本的には相対的な水準で、自分が投資している、あるいはこれから投資しようとしている銘柄の株価が割高なのか、それとも割安なのかを判断します。

相対的という以上、何か他の比較対象があるわけですが、それは**他の国の株式市場におけるPERの平均値や、同業他社の水準、あるいは業種別の平均値などから判断します。**

市場別・業種別の平均PER（2024年5月）

プライム市場	17.9	証券、商品先物取引業	17.8
スタンダード市場	14.6	建設業	17.9
グロース市場	47.7	化学	18.1
海運業	2.8	金属製品	20.2
鉱業	5.6	繊維製品	20.9
鉄鋼	9.2	輸送用機器	21.1
石油・石炭製品	10.3	空運業	21.4
銀行業	10.5	機械	21.6
倉庫・運輸関連業	11.2	医薬品	22.3
卸売業	11.9	電気機器	23.2
ゴム製品	12.5	小売業	23.2
その他金融業	12.5	精密機器	23.3
水産・農林業	13.0	食料品	24.8
不動産業	13.9	情報・通信業	24.8
非鉄金属	14.7	パルプ・紙	28.2
陸運業	16.5	ガラス・土石製品	28.7
サービス業	16.8	電気・ガス業	38.3
その他製品	17.1	保険業	38.9

（出所）東京証券取引所のデータをもとに著者作成。

たとえば、国別の予想平均PERを見ると、2023年12月末時点において最も高いのは、インドの21・8倍で、次が米国の20・1倍。以下、オランダの17・2倍、スイスの16・6倍と続きます。ちなみに日本のそれは14・1倍です。こうした比較感からすると、日本の株式市場の平均PERは、まだそれほど高いとは言えない水準です。

過去に遡ると、もっと違う側面が見えてきます。たとえば日経平均株価が4万円に乗せた、2024年3月4日時点の日経平均株価採用銘柄の平均PERは23・7倍でしたが、日本経済がバブルに沸いた1989年当時のそれは60倍を超えていました。それと比較した場合、確かに日経平均株価は過去最高値を更新してはいますが、バブルの頃のような熱狂からはほど遠いことがわかります。

また、**市場別、業種別の平均値も把握しておいたほうが良い**でしょう。これは東京証券取引所のサイトを見ればわかります。

ちなみに2024年5月時点の市場別平均PERを見ると、プライム市場全体が17・9倍、スタンダード市場が14・6倍、グロース市場が47・7倍となっています。グロース市場がいかに割高になっているかがわかります。

また業種別平均PERも、東京証券取引所のサイトから最新データを取ることができます。単純平均のPERを見ると、プライム市場で最も業種別の平均PERが低いのは海運業の2・8倍です。その他、ヒトケタPERは鉄鋼の9・2倍、鉱業の5・6倍があります。

逆に高いものとしては、保険業の38・9倍、電気・ガス業の38・3倍、などがあります。

このように、国・地域別、市場別、業種別の平均PERを把握しておくことによって、自分の投資する銘柄、あるいはすでに保有している銘柄の株価が割高なのか、それとも割安なのかを、相対的に把握していくのです。

時系列でPERの推移をチェック

では、PERは何を語っているのでしょうか。私は、投資家評価の高低だと理解しています。つまり、**PERが高いほど投資家評価が高く、PERが低いほど投資家評価が低い**という解釈です。

ただPERの場合、株価の割高・割安を比較する対象が、当期純利益であるという点に留意する必要があります。

会社の利益には「粗利益」「営業利益」「経常利益」「税引前当期純利益」「当期純利益」という5つの利益があります。それぞれの計算式を見ると、どう違うのかがわかります。

・**粗利益**＝**売上－売上原価**
・**営業利益**＝粗利益**－販管費**
・**経常利益**＝営業利益**＋営業外収益－営業外費用**
・**税引前当期純利益**＝経常利益(損失)**＋特別利益－特別損失**
・**当期純利益**＝税引前当期純利益**－法人税等**

このような順番で、引くものを引き、加えるものを加えたうえで、それぞれの利益が計算されます。基本的に本書は企業会計の解説書ではないので、ここまでに止めておきますが、PERの留意点を理解するためにも、このあたりの基本的なことは認識しておいてください。

そして、その留意点とは、**当期純利益は増減の波が激しい**ことです。簡単に倍になったり、半分になったりします。

たとえば経常利益はしっかりとあったのにもかかわらず、保有している不動産を売却して損失が生じたとか、資本関係を解消するために保有している他社株式を売却したら損失が生じたなど、本業とは関係のないところで生じた特別損失によって、税引前当期純利益が大幅に減り、その結果として当期純利益も大幅減になるといったケースです。

もちろん、それとは逆に巨額の特別利益が計上された結果、当期純利益が大幅増になることもあります。

たとえば、海運業はコロナ禍バブルで突発的な利益が出て低PERになっていますし、電気・ガス業は燃料高による収益性悪化で高PERになっています。

このように、特別損益によって最終的な当期純利益も大きく増減する可能性があるので、それをベースに算出されるPERも、**表面的な数字だけを見て判断するのは、いささか危険**なのです。

単年度の特別な事情で損益が大きくブレたことにより、大きく上下したＰＥＲを見て間違った判断を下さないようにするには、**過去の時系列でＰＥＲがどのように推移しているのかをチェック**しておくのも、ひとつの方法だと思います。

ヒストリカルＰＥＲのデータは、「株探」のような株式投資サイトでチェックできますし、もちろん会社四季報オンラインでも見ることができます。

ヒストリカルＰＥＲの推移をチェックして、急激にＰＥＲの水準が高くなった時や、低くなった時には、その時点の損益計算書を見て、原因を把握するように努めるべきだと思います。

ちなみに、一般的にＰＥＲが高くなる理由にはいくつかあり、主だったこととしては、成長率が高いこと、利益率が高いこと、事業の質と将来性が期待できること、参入障壁が高いこと、人気が高いこと、などが考えられます。

高ＰＥＲ銘柄とシクリカル銘柄は先読みが難しい

ＰＥＲは投資家評価の高低であると申し上げました。ということは、ＰＥＲは高いに越したことはない、ということになるのですが、**投資家評価には期待が多分に含まれている**という点には、十分注意する必要があります。

たとえばＰＥＲが２００倍という銘柄が時々あります。東京証券取引所の平均ＰＥＲなどから考えると、とても高くて買えない、ということになるのですが、その会社が滅茶苦茶、高い成長を続けていたりすると、案外、２００倍のＰＥＲも説明できてしまったりします。

今期のＰＥＲが２００倍でも、その会社が毎期、倍々ゲームで利益が増えていたら、どうでしょうか。

もちろん、利益が倍々ゲームで増えていけば、それにともなって株式も買われるので、株価も上がってしまうのですが、**投資家は先を読んで投資します。**現在のＰＥＲが２００倍だとしても、この先、数年間は倍々ゲームで利益が増えるのは確実と考えるならば、現時点の株価のＰＥＲが２００倍だとしても、それは投資するに値すると考えることができます。

これから少なくとも5期は利益が倍増し続けるとしたら、現在の株価で考えると、来期のＰＥＲは１００倍であり、再来期は50倍、４期目は25倍、５期目は12・５倍になります。つまり**現在の株価でＰＥＲが200倍だとしても、5期先を見て利益がどんどん増えていくのだとしたら、200倍のＰＥＲは十分に説明できる**のです。

特に利益の規模の小さな会社であれば、なおのこと、だと思います。

現在の利益が１兆円というような会社の5年後の利益が10兆円になるというのは、いささか考えにくいのですが、現在の利益が10億円であれば、5年後の利益が100億円になるのは、十分にありえる話です。そう考えると、PER100倍、あるいは200倍の株価も、決して割高とはいえないのです。

とはいえ、近い将来、利益が10倍になると思われていた会社が、蓋を開けてみたら2倍しか成長していなかったりすると、株価はあっという間に急落します。その意味では、**高いリターンが期待できる反面、将来の利益成長を見極めるのが非常に難しい**とも言えます。

PERは、その時点においては投資家の正しい評価を反映しているのですが、将来の利益に対する投資家評価という点では、ブレが非常に大きいので、特に高PER銘柄は当てにならないのです。

PERについてはもう1点、**注意しておきたいのがシクリカル銘柄のPER**です。シクリカルとは、循環的な景気変動のことです。景気敏感株などと言われることもあります。

たとえば、半導体も造船もPERで見ると割安に見える銘柄もありますが、当然、株価も上がっています。

景気敏感株のPERは、業績が絶好調なときに低くなる傾向が見られます。景気が良いから業績も株価も良いのですが、投資家はその後の業績低下を見越してか、先行して株価が下落します。すると、高い利益と株価下落が合わさって、PERが低くなるのです。その後、業績が停滞したり、低下すると、株価は弱くなりがちになってしまうのです。

このような銘柄を、「ＰＥＲが低いから割安だ」と判断してしまうと、実は株価も業績も天井圏のところで買ってしまう恐れがあります。

逆に、業績が大きく落ち込んで株価も下がっている時ほど、景気敏感株のＰＥＲは高くなる傾向がありますが、むしろそこが仕込むタイミングだったりします。

ＰＥＲはとても参考になるのですが、注意事項が多い。だから私は、景気サイクルに左右されない内需・ディフェンシブ関連銘柄が好きです。ＰＥＲが比較的低く、かつ後ほど解説するＲＯＩＣが高く、不景気でも着実な業績成長が期待できる割安成長銘柄を柱にしてポートフォリオを構築しているのです。

ＰＢＲは１倍割れを割安と考える

ＰＥＲとともに代表的な株価指標にＰＢＲがあります。ＰＢＲはPrice Book-value Ratioの略称で、**「株価純資産倍率」**のことです。株価を１株あたり純資産（ＢＰＳ）で割って求められます。

PBRは1倍超えが大原則

PBR（株価純資産倍率）＝ 株価 ／ BPS（1株あたり純資産）

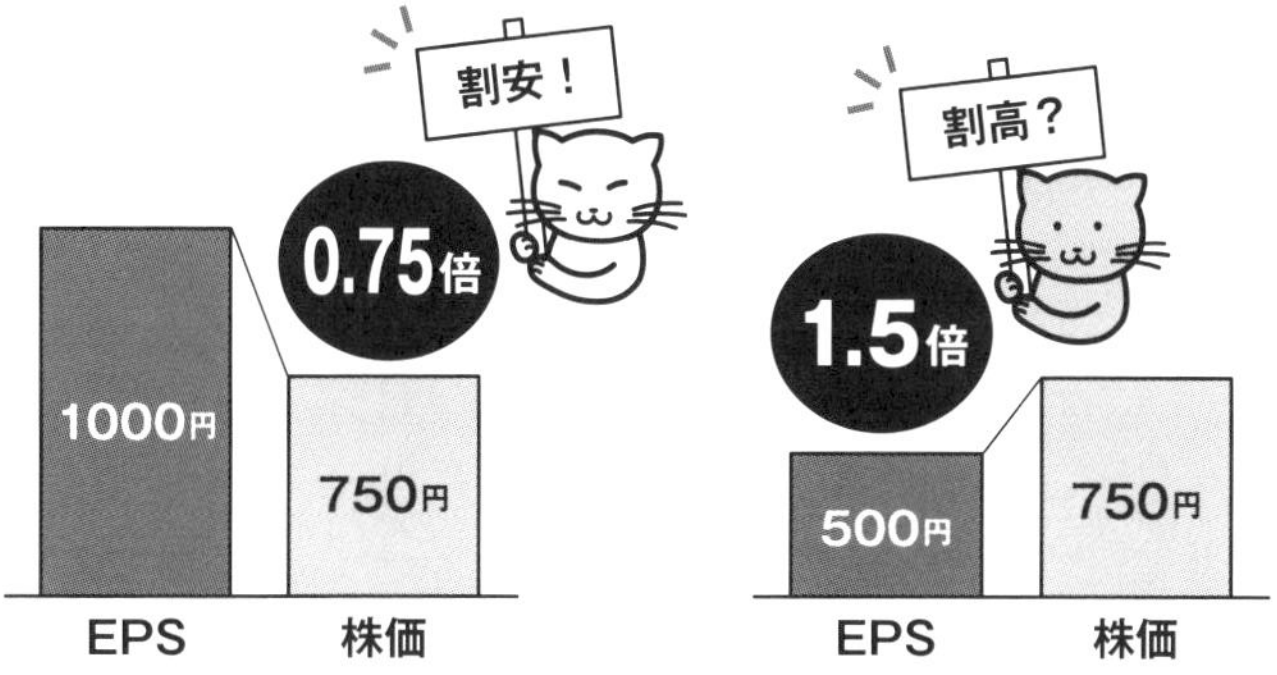

PBR＝株価÷1株あたり純資産

PBRの見方は単純です。PERは国別や市場別、業種別に平均値を把握して、それとの相対比較で割高、割安を判断するのですが、**PBRは1倍を割っていれば、その会社の株価は「割安だ」と判断**します。

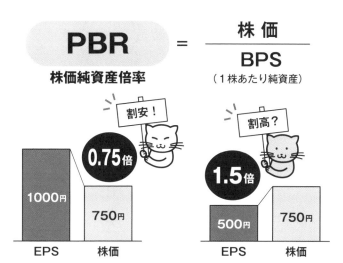

一方で、PBRが1・5倍、2倍というように、1倍を大きく上回っているとしても、それだけで単純に「割高だ」とは判断できません。本来、会社というものは、**PBR1倍超えが大原則**なのです。PBRが1倍を割っている会社は、本業の将来性が全く見込めない衰退産業であると考えることもできるのです。

その点からすれば、PBRが1倍を超えるのは、会社として付加価値を生み出している限りは当然であり、1倍を大きく上回っているからといって、割高だとは判断できないのです。

したがってPBRは、もっぱら1倍を割り込んでいるかどうかという点をチェックします。前述したようにPERは、株価の割安度を判断するのに難しいところがあります。そこはPBRのほうが確実です。

PERを算出するベースは利益ですが、将来の利益を予測するのは難しいですし、どうしてもブレが生じてきます。その点、**PBRを算出するベースになるのは純資産**であり、それは利益に比べてブレが非常に小さいので、割安かどうかを判断しやすいという利点があります。

たとえば、時価総額が50億円の会社があるとして、100億円の簿価で記載されている土地があったとすると、この会社の株価は明らかに安い、と判断できます。

もちろん、全く売れない在庫を大量に抱えているとか、売却したら半額でしか売れないような資産を抱えているとか、有利子負債が多く自己資本比率が低いとか、そういう特殊な事情がある場合は、また話が違ってきますが、そうでない限りは、PBRによって株価の割安度を測るのは、かなり確度が高いと考えて良いでしょう。

資産バリュー投資家のスタンス

３日目にお話ししたように、ＰＢＲに注目して投資するのは、主に資産バリュー投資家になるので、私の割安成長株投資とはまた違うスタンスになるのですが、ＰＢＲについて説明するうえで資産バリュー投資家のスタンスについて触れるのも大事だと思うので、簡単に説明しておきたいと思います。

資産バリュー投資家は、有利子負債が少なく、現金が多く、売却処分しにくい生産設備が少ない会社を好みます。**資産バリュー投資家がPBRで株価の割安度を測る際、最も注目しているのは換金性です。**つまり保有している資産でも、工場や機械のような売却しにくいものは当てにしていません。大事なのは株式などの有価証券や現金、不動産など換金しやすい資産をどれだけ保有しているか、ということです。

たとえば、保有している不動産の価値が、この場所でこれだけの広さだと１００億円の資産価値があるだろう。そして有利子負債が50億円あるので、それを１００億円から差し引いて50億円の資産価値はあるはずだと考えて、それよりも時価総額が大きいか、小さいかを考えるのです。

もちろん、実際に１００億円の土地を売却できるはずもないので、あくまでも空想の話ですが、資産バリュー投資家は常にそういう視点で、会社を見ています。

また土地という観点では、**バランスシートに記載されている土地の値段は簿価ベース**である点も、ポイントになります。

たとえば老舗企業の三井倉庫ホールディングス（９３０２）などは、その典型例です。倉庫の最大手企業ですが、同社が持っている不動産だと、東京都中央区にあるＭＳＨ日本橋箱崎ビルといって、現在、日本ＩＢＭの箱崎事業所が入っているビルがあるのですが、この広大な土地には巨額の含み益があるはずです。

ちなみに、同社の有価証券報告書を見ると、５万６０００平方メートルの土地の価値は１０８億１１００万円となっていますが、これは帳簿価格、つまり簿価です。時価（２０２４年）で計算すると、それをはるかに上回る約７６７億円です。この差額が含み益になります。

倉庫会社の老舗になると、三井倉庫ホールディングスがそうであるように、設立されてから１００年くらい経っている会社もあります。ちなみに三井倉庫ホールディングスの設立年は１９０９年です。その当時から保有している土地がどれだけあるかわかりませんし、実際にその土地が今、時価でいくらになっているのかもわかりませんが、それを周りの地価などから類推するのが好きな人であれば、資産バリュー投資家になれると思います。

これは知り合いに聞いた話ですが、村上ファンドの村上世彰氏は、投資先の企業の社員に「この会社、いくらだ」と聞くそうです。この「いくら」は、時価総額とか売上のことを指しているのではありません。この会社を売却した時、いくらの資産価値で評価されるのか、ということを聞くのだそうです。

このビジネスはこれだけの将来性があるから、株価はこれだけの額に評価されます、という話ではないのです。持っている土地、自社ビル、その他、売却できる資産を全部売って現金化した時、いくらになるのかという点を重視するのです。その金額に対して、現在の時価総額が安ければ、投資する価値があると判断します。

当然、その解散価値に対して、それを上回る利益を生み出していれば、事業を継続すると判断するし、生み出していなければ、バラバラに解体して、売れる資産を売ってしまったほうが得策だと考えるのです。

のれんには要注意

PBRを見るうえで注意しなければならないのは、「のれん」です。のれんは会計上の項目のひとつで、バランスシートでは「無形固定資産」として計上されています。

たとえば純資産が100の会社があるとしましょう。この会社を買収するに際しては、純資産の評価額が100だから、100のお金を払えば買える、というものではありません。

会社は現預金、不動産、機械など、さまざまな資産を所有していますが、会社の資産とは、それらのように具体的な形を持ったものばかりではありません。たとえばブランド力や、優秀な社員、ビジネスの将来性など、具体的な形がない無形資産もたくさんあります。こうした無形資産の価値も加味したうえで会社の価値が計算され、買収や合併の際の価格に反映されます。

したがって、純資産が100だとしても、実際に買収や合併が行われる時には、その会社の価格は150とか200で計算されたりするのです。

仮に、買収の対象とされる会社の価格が、純資産の評価額100に対して、300で計算されたとします。この場合、実際の買収価格である300と、純資産の評価額である100の差額である200が、この会社の「のれん」として、無形固定資産に計上されるのです。

別な言い方をすると「ブランド価値」のようなものです。

問題は、**のれんが被買収（合併）会社の資産価値を、実態以上に大きく見せる傾向がある**ことです。特に、投資ファンドに買収された会社が再上場される時は要注意です。なぜなら巨額ののれんが計上されていて、実態以上にその会社の純資産を大きく見せかけているケースがあるからです。

投資ファンドが会社を買収すると、いったん株式を非公開化して大規模な経営改革に取り組みます。そして、業績を回復させた後、投資ファンドは買収にかかった資金の回収をするのですが、その際の方法としては、株式を再上場させるか、事業会社に売却するか、あるいは他の投資ファンドに売却するか、があります。

問題は、再上場させる場合です。この時、投資ファンドは買収した会社の資産のうち、現金化できるものはできるだけ現金化して、あとは巨額ののれんを計上したうえで、ほとんど資産が残っていない状態で再上場させます。純資産はほとんど残っていなくても、その会社のブランド力で収益を大きく稼ぎ出す力はあるから、それを大きく評価し、のれんとして計上するのです。

この場合、**のれんによって水増しされた資産が大きいため、PBRが低めに算出される**ケースがあります。

しかもIFRS（国際会計基準）によって計算されるのれんは、日本基準のように最長20年の償却期間を設けて償却させるのではなく、会社の業績が悪化してのれんの価値に毀損が生じた場合に限り、減損処理させるというルールがありますが、これも絶対にというわけではなく、言い訳が立てば減損処理しないままというケースも見られるようになってきました。現存処理をしなければ、のれん償却のコストが無い分、利益が出やすく、PERも低くなります。

巨額ののれんが計上され、IFRSを採用しているために適当な減損処理で胡麻化しているような会社が、非常に低いＰＢＲで再上場されているとしても、そんな会社に投資したいなどとは思いません。

したがって、次の条件に合致する会社に投資する時には、くれぐれも将来、しっかり利益を稼げる会社なのかどうかを見極める必要があります。

①投資ファンドに買収されたのち再上場
②ＩＦＲＳ適用会社
③巨額ののれんが計上

ちなみに、②については『会社四季報』にＩＦＲＳ適用会社かどうかが記載されていますし、③については有価証券報告書で無形固定資産の項目をチェックすれば、実態がわかります。

ＲＯＩＣで他の投資家が気付かない稼ぎ力がわかる

ＰＥＲやＰＢＲの他に、投資家が注目している株価指標にＲＯＥ（自己資本利益率）とＲＯＡ

（総資産利益率）があります。私もチェックしていますが、最近、注目している指標はＲＯＩＣです。ＲＯＥやＲＯＡとの関係性も含めて簡単に説明しておきましょう。

ＲＯＩＣはReturn On Invested Capitalの略称で、**「投下資本利益率」**のことです。基本的には税引後営業利益を、株主資本と有利子負債の合計額で割って求めるのですが、私は投資家なので、あくまでも投資家としてその会社がどれだけの効率性を持って稼いでくれているかをチェックしています。

したがって、ＲＯＩＣ本来の計算方法ではないのですが、税引後営業利益ではなく当期純利益を用いて疑似的に計算しています。

ＲＯＩＣ＝当期純利益÷（株主資本＋有利子負債）

ＲＯＥは「自己資本利益率」と言われるように、当期純利益を株主資本（自己資本）で割って求めるものであり、文字通り、株主のお金を活用してどれだけ効率的に稼いでいるのかを示してくれるのですが、会社は株主から集めたお金だけでなく、銀行から借り入れたり、社債を発行したりして調達したお金も使って、経営を行っています。

ＲＯＩＣは、株主資本に、銀行から借り入れたお金や、社債を発行して調達したお金も含めた

有利子負債のチェックでお宝銘柄を探す

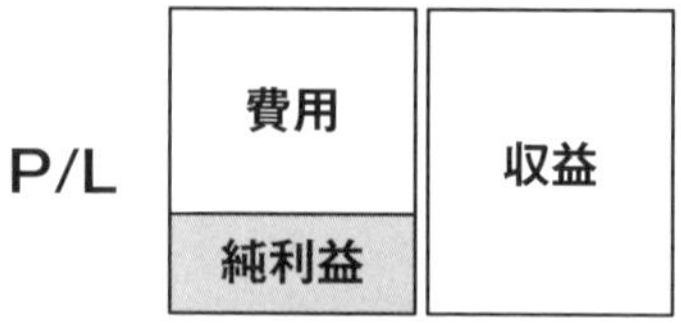

ROIC
投下資本利益率

$$\text{ROIC} = \frac{\text{当期純利益}}{\text{株主資本}+\text{有利子負債}} \times 100$$

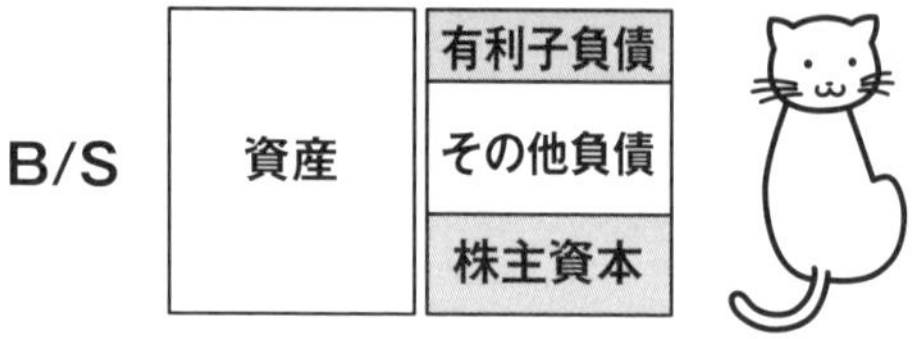

投下資本全体に対して、どれだけ効率的に稼いでいるのかを示す数値なのです。

このように言うと、資産に対してどれだけの利益を生んでいるかを示すＲＯＡと何が違うのか、という話になるのですが、会社の負債項目にはＲＯＩＣの計算に用いられる「有利子負債」のほかに、「無利子負債」があります。

無利子負債とは支払手形や買掛金、未払金など将来、必ず出ていくお金ですが、銀行からの借入金などのように金利負担が生じない負債のことです。事業負債とも言います。ＲＯＡは、この無利子負債も含めた総資産に対する稼ぎ力を見るためのものです。

ＲＯＥと並んで経営の効率性を示すＲＯＡは、ＲＯＥのように自社株買いなどを用いて意図的に数字を上げることができません。その点では、Ｒ

OAのほうが経営効率の良し悪しを判断できるのですが、**ROAが高い会社はPERも高い**傾向があります。つまり、手が届かないほど株価が高いことが多いです。そのため私の投資スタイルである「割安成長株投資」の投資対象から漏れてしまうケースが多々あります。

そこで、いささかトリッキーな選択方法ではありますが、**私はROAが低くても、ROICは高いといった会社を探すようにしています。**

たとえば、ROAが低い会社を調べてみると、無利子負債がたくさんあり、それを取り除いてROICを計算すると、実は収益性が高かったということがあるのです。ROAが低いために他の投資家の目に止まらず、株価が安いのですが、収益性は高い、つまり仕込みのチャンスです。

また、ROICを意識するようになると、有利子負債の存在を注意する上で役に立ちます。今は低金利なので事業の業績に問題がなくても、今後、金利が上がってくると、その業績に影響が出てくる会社もあるでしょう。

ROICは、『会社四季報』に数値として掲載されていませんが、前述したように、疑似的には当期純利益を、株主資本と有利子負債の合計額で割って求めればいいだけなので、『会社四季報』に掲載されている「当期純利益」「自己資本」「有利子負債」を使えば簡単に算出できます。

6日目のポイント

□国・地域別、市場別、業種別の平均PERと、投資する銘柄のPERを比較して、株価が割高なのか、割安なのかを相対的に把握しましょう。

□PBRは1倍超えが大原則です。

□多くの投資家が注目するROAが高い銘柄は株価が高く買いにくいです。有利子負債をチェックして、ROAが低くても、ROICが高い銘柄を探すと、割安成長株が見つかります。

7日目

チャートは
ここだけ見れば
十分です！

四季報のチャートでも十分に戦えます

『会社四季報』を開くと、1ページに2社、したがって見開きで4社分の詳細情報が記載されていますが、詳細情報の上には必ずチャートが掲載されています。

このチャート、**過去41カ月分の月足**が掲載されています。月足とは、1カ月間のなかでも始値、高値、安値、終値の4本値を、ローソク足で表示したものです。

ローソク足は株価の値動きを示したものですが、『会社四季報』に掲載されているチャートには、他の情報も盛り込まれています。

株価のローソク足と共に、2本の折れ線が記載されていますが、これは実線が**12カ月移動平均線**、点線が**24カ月移動平均線**を表しています。そして、下段の棒グラフは毎月の出来高で、その棒グラフと重なり合うようにして記載されている折れ線グラフは、**信用取引の信用残**を示しています。

株式の個人投資家というと、何となく、机に複数のモニターを置いて、そこにさまざまな情報を映し出して取引をしているイメージを持っている方も少なくないと思います。この手のモニターには株価のチャートや、常時、株価の推移をウォッチしている銘柄の一覧、その他にはリアルタ

四季報チャートの読み方

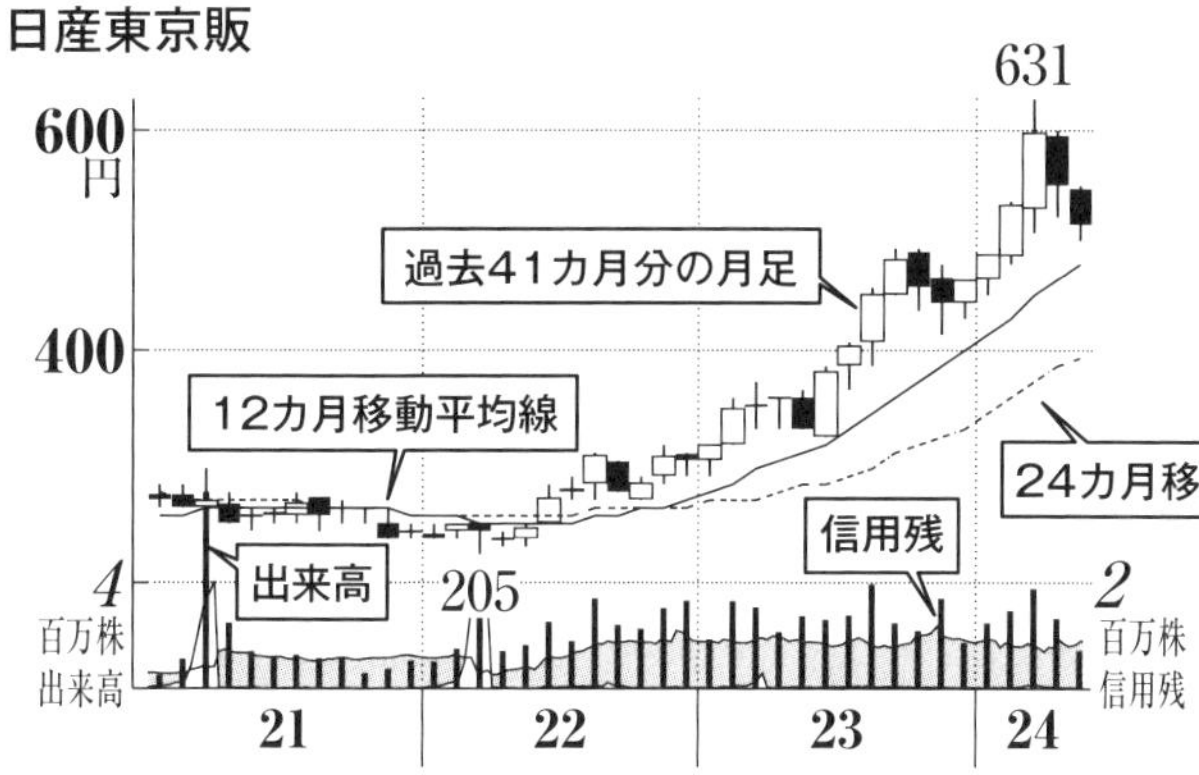

（出所）『会社四季報』2024年夏号。

イムで流れてくる各種ニュース、それ以外に自分が株式の売買をする際に必要とする各種情報が映し出されているのですが、私自身の話をさせてもらうと、そこまでたくさんのモニターは使っていません。

というか、ノートパソコン1台で十分です。いや、もちろんモニターの数が多いほど、それぞれのモニターにさまざまな情報を映し出せるので、ひょっとすると便利なのかも知れませんが、今の私の投資スタイルから言えば、ノートパソコン1台でも十分に対応できます。

なぜなら、時々刻々と移り変わっていく情報を判断材料として売買をするといった取引をしていないからです。たとえば時々刻々と変わっていく板情報、つまり株価ごとの売り株数と買い株数の変動を読んで売買判断を下し、短期の売買で利益を取るといった取引はしないので、複数のモニターにさまざまな情報を映し出す必要性が、そもそもないのです。

私が株式投資で最も力を入れているのは、銘柄の調査です。主に内需・ディフェンシブ関連銘柄で、徐々に利益を積み上げて成長し続ける会社を、業績の推移やPER、ROE、ROICといった株価指標などを組み合わせて探し出し、その株価が割安の水準にあるならば買うし、割高ならば、この水準なら買ってもいいだろうと思えるところまで株価が値下がりするのを待って、投資するかどうするかを判断しています。

このような投資スタンスなので、複数のモニターも必要ありませんし、株価チャートに関しても、『会社四季報』に掲載されている月足チャートを見れば、それでほぼ十分なのです。

では、私が『会社四季報』に掲載されているチャートをどう活用しているのかというと、**株価の位置関係の確認**です。

たとえばPERが10倍の銘柄があるとして、それがずっと横ばいでPER10倍が続いているのか、それとも50倍だったのが10倍になったのか、ということをチャートで確認しているのです。

PERが10倍のまま、株価が横ばいで推移しているのだとしたら、割安であることに変わりはないのだから、何か株価が上昇するきっかけになる材料はあるのかどうかを探します。PERが50倍から10倍になって、株価が横ばいで推移しているのだとしたら、大幅に業績が伸びているなかで株価が出遅れているのだから、急騰する可能性が高いのではないか、といった判断につなげ

同業他社と比較して出遅れ銘柄を探す

三井E＆S

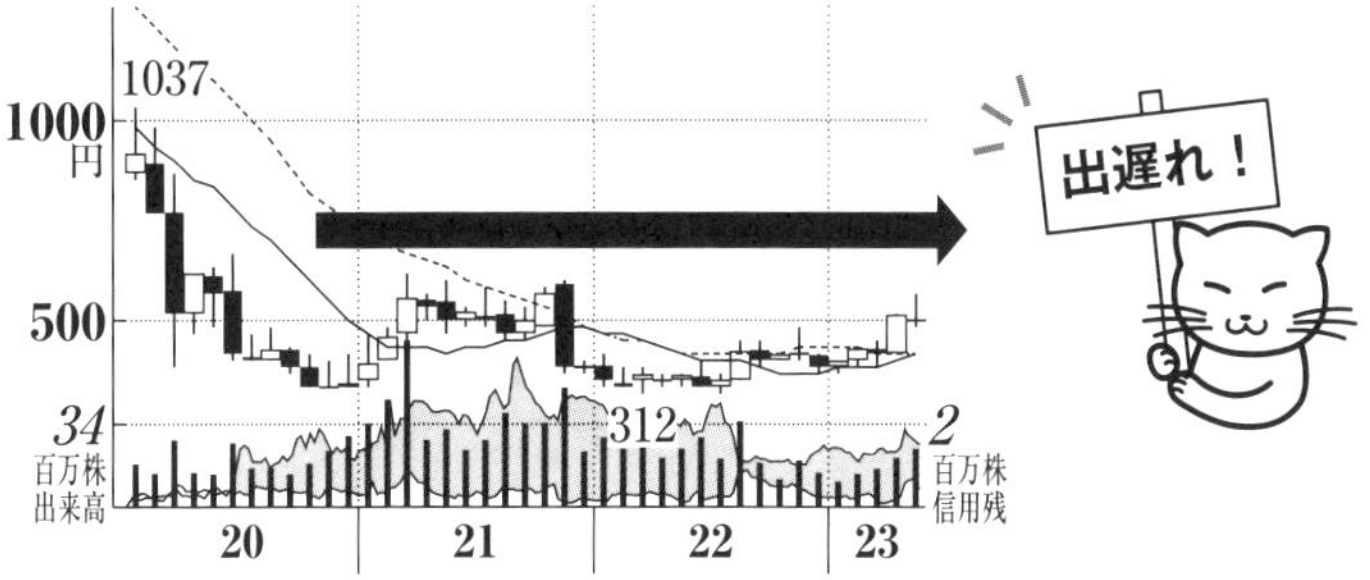

名村造

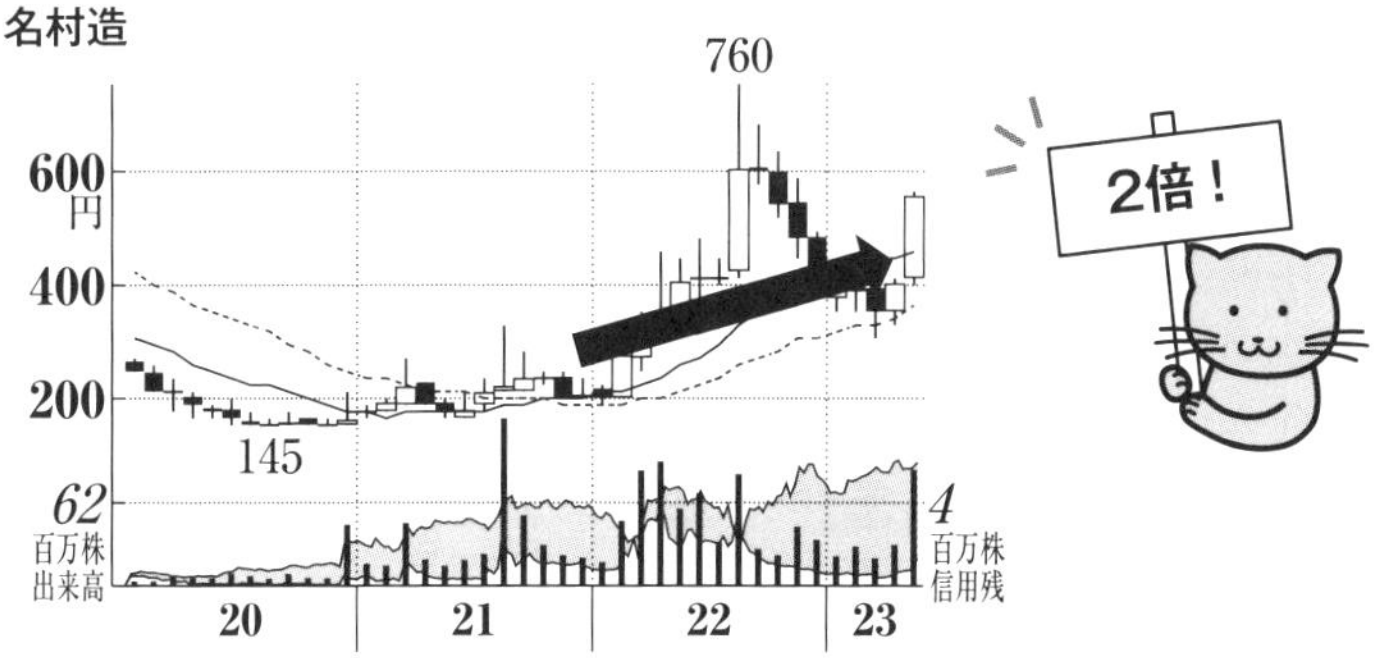

内海造

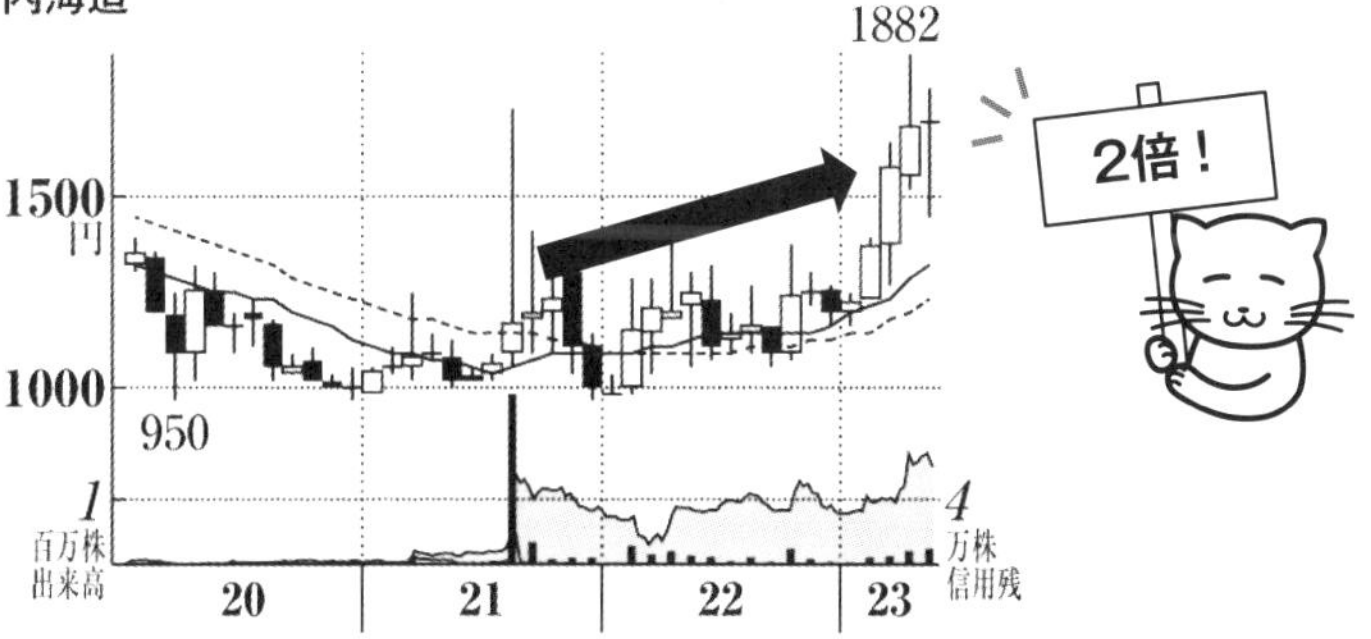

（出所）『会社四季報』2023年夏号。

ていくのです。

また、**同業他社の株価を比較して、出遅れ銘柄を探すのにも役立てています。**

たとえば私が三井Ｅ＆Ｓ（７００３）に投資したのも、チャートを眺めていて、株価が出遅れていることに気付いたからです。

名村造船所（７０１４）や内海造船（７０１８）など造船会社の株価が、２０２１年から２０２３年にかけて倍以上に値上がりしていたのに、三井Ｅ＆Ｓの株価はせいぜい１・５倍程度にしかなっていなかったのです。それで、「これはまだまだいけるのではないか」と思いついたのが、投資したきっかけでした。

私が株価チェックで１００点満点を目指さない理由

そうは言っても、「エントリーする時、保有している時も、株価はチェックしましょう、と株式投資の教科書には書かれています」と反論の声が聞こえてきそうです。でも、実際に自分はどうなのかと、わが身を振り返ってみると、ほとんどチェックしていません。

一応、チェックしたほうがいいだろうなとは思っているのですが、それ以上に個別銘柄の調査に時間を割いていますし、保有している銘柄数が300銘柄もあるので、毎日、それらの株価をひとつずつチェックしている時間がないのです。

それよりも、投資家のオフ会などで聞いてきた銘柄が本当に投資するのに値するだけのものなのかどうかを調べるのに時間を取られているので、株価をチェックするのは週のうち1回程度です。**その程度しか株価チェックをしなくても済むような銘柄にしか、投資していない**とも言えます。

そして、この週1回の株価チェックで、株価が極端に値下がりしている銘柄があった時には、なぜ下がったのかを徹底的に調べます。そのうえで、保有し続けるのか、それとも売却するのかを判断します。

これは新NISAの成長投資枠で投資する人にも当てはまると思うのですが、そもそも本書は、成長投資枠で徐々に投資資金を積み上げていき、ゆくゆくは1200万円を1億2000万円にするのに主眼を置いていますから、**チャートは、それほど神経質にチェックしないほうが良い**とも言えます。

これは、どこまで割り切れるかにもよるのですが、正直、株価は見ないことによって平均点を取れるとも言えるわけです。

たとえば、チャートを日々チェックすることによって、株価の異常に気付き、それによって下した売買判断が正しかったとします。

でも、一方で正しくない場合だって考えられます。株価がどんどん上昇し、高値で一定期間、もみ合いが続いた後、ストップ安を付けたとしましょう。ある程度、株価が安い水準で買っていて、ストップ安を付けたところでもしっかり利益が乗っている投資家は、この時点で売ってきます。

そこから大きく下げれば、その投資家の判断は正しいことになるのですが、未来の株価がどう動くのかを正確に予測できる人はいません。

ストップ安を付けたのに、そこから押し目買いが入ってきて、さらに株価の上昇に勢いが付くというケースだって、十分に考えられるのです。もし、そうなってしまったら、ストップ安の段階で売ってしまった投資家は、判断を誤ったことになります。

株価の値動きをチェックして下した判断が、正しかったか、それとも間違っていたのかは、単純に言うと半々の確率でしかないのです。つまり100点満点だとすると、50点だということです。

私は株価チェックで100点満点を目指していません。50点で十分だと考えています。だとしたら、テクニカル分析を勉強して、時々刻々と変化する株価をずっと眺め続けることで利益を狙う投資法よりも、最初から割安成長銘柄を発掘することに注力します。

それは、自分自身の得手・不得手の問題もあります。そもそも私は、個別銘柄の需給バランスをじっとウォッチして、その変化から相場動向を予測して投資するといった手法は苦手です。

株式投資は、どのようなスタイルで投資しても良いと思います。あくまでも自分にしっくりと来る投資法で、相場に臨めば良いのです。私の場合、それが割安成長銘柄投資であり、そのためにはチャートをはじめとするテクニカル分析は、基本的に必要ありませんので、チャートはほとんど見ないのです。

もちろん、だからといってテクニカル分析の投資家をバカにしているわけではありません。それもひとつの投資手法です。ただ、自分に合わないから手を出さないだけのことなのです。

新高値を更新している銘柄には注目

私が週1回の頻度でチャートをチェックする時、どこを見ているのかについて説明しておきます。

唯一のチェックポイントといっても良いのかも知れませんが、**新高値を更新している銘柄には注目しています。**それは損をしている投資家よりも、利益を得ている投資家のほうが多いわけで、マーケット全体が強気になりやすい環境にあるからです。

実際、**新高値を更新してきた銘柄は、投資家の間で話題に上りやすい**という側面もあります。

これは株式投資家のオフ会に参加するとわかるのですが、けっこう参加されている方は、自分が投資して儲かっている銘柄を隠しておくのではなく、参加者皆で情報共有しようという気持ちを持っていたりします。

もちろん、自分が投資して儲かっている銘柄を話すことによって、さらに買いが広まって株価が上昇するということに期待している面もあるとは思うのですが、私などはそういう場で得た情報を、自分の視点でさらにリサーチして、これなら投資しても良いと腹落ちできたら投資することもけっこうあります。

また、株価が上がった後、少し調整をして、そこから再び新高値を更新してきた時や、ボックス圏を上放れて株価が上昇してきたりした時には、やはり相場は強いと判断します。

こういった点を確認するという意味で、チャートをチェックすることはあるのですが、基本的に毎日見る必要はありませんし、チャートを見るのが苦手な人は、あえてそれを無視したとしても50点は取れますよということは、繰り返しになりますが、言わせてもらいます。

7日目のポイント

□業績の推移やPER、ROE、ROICなどの株価指標を組み合わせて割安成長株を探し出す投資スタイルには『会社四季報』のチャートで十分です。

□チャートで、株価とPERの位置関係や、同業他社の株価と比較して、出遅れ銘柄を発掘しましょう。

□株価チェックは100点満点を目指すのではなく、50点で十分です。チャートを神経質にチェックしないほうが平均点を取れます。

8日目

長期分散が基本ですが銘柄の入れ替えも必要です！

成長投資枠でも銘柄の入れ替えは必要です

ここまで新ＮＩＳＡの成長投資枠で日本株に投資する際に、どういう観点から銘柄を選べば良いのか、という話をしてきました。

基本戦略としては、割安成長株を中心にして１２００万円の成長投資枠を埋め、長期保有することで1億２０００万円に増やそうということですが、ある程度、慎重に銘柄を選んだとしても、すべての銘柄の株価が10倍になるとは限りません。

成長するだろうと思って投資した会社でも、残念ながら途中で成長が止まってしまったり、業績が急激に悪化したりすることは、ままあります。

そのような場合は、やはり銘柄を入れ替えなければなりません。ところが、**新ＮＩＳＡは、年間投資枠の上限がありますし、長期保有しないと損した気になるのか、銘柄を入れ替えようという気持ちが弱くなりがちです。**

恥ずかしながら、私自身のアカウントで申し上げると、ＮＩＳＡで投資した銘柄は、なぜか課税口座で投資した銘柄に比べて儲からない、というジンクスがあります。

理由はわかりません。本当に、「これは何か呪われているのではないか」と思いたくなるほど儲からないのです。ちなみにここで言っているNISAは、2024年1月からスタートした新NISAではなく、2014年1月からスタートした旧NISAで投資した銘柄の話です。

でも、本当に不思議な話です。ひとつだけ、いささか無理やり理由を探すのであれば、**NISA口座を通じて株式投資した場合、「利食い・損切りしにくいバイアス」が強く働いている**のを感じることです。

旧NISAの場合、NISA口座を通じて株式に投資すると、最長で5年間の非課税期間が設けられていて、その間に発生した配当金や値上がり益が非課税になるというものでした。

この5年という非課税期間が意外と曲者で、何となく5年間保有しないと損をするような気になって、途中で大きく値上がり益が得られているのに利食いができず、逆に損をしている時も、5年間持ち続ければどこかで戻ることもあるのではないかと思って損切りできず、結果的に効率よく投資できないという、かなりメンタル的な問題があるのかもしれないなどと、考えたりもします。

新NISAは、期間が恒久化されましたし、投資額も大幅にアップしています。しかも、長期で積み立てることにメリットがある「つみたて投資枠」のイメージが強いので、「成長投資枠」で投資する時、以前よりも「利食い・損切りしにくいバイアス」が強く働くと思います。

ですが、**新NISAの成長投資枠で1億円超えを目指すためには、成長投資枠でも銘柄の入れ**

替えは必要です。

その時には、これまで説明してきたように、割安成長銘柄を中心にして選べば良いのですが、問題は、どのような銘柄を入れ替えるか、ということです。

つまり、自分の保有銘柄がどうなった時に、ポートフォリオから外し、他の銘柄と入れ替えれば良いのかという基準を、ここで考えてみたいと思います。

毎年、5銘柄程度に分散して投資する

まず、その前に１２００万円の枠でどの程度の銘柄を保有すれば良いのか、について考えてみましょう。

私自身がメインにしているポートフォリオは、かなり銘柄数を分散させています。もちろん、成長投資枠の場合、元本ベースで１２００万円までしか投資できませんから、分散させるといっても限度はありますが、それでもある程度、分散させたほうが良いと考えています。

特定の銘柄に投資資金を集中させると、運よくその銘柄の株価が大きく上昇すれば、資産が大きく増えますが、暴落でもしたら目も当てられません。ポートフォリオはできるだけ分散させることをお勧めします。

前述したように、成長投資枠は年間240万円まで投資できますから、これで複数銘柄を買い付けることにします。1銘柄の投資金額はだいたい50万円程度で、240万円ですから5銘柄程度に毎年分散して投資していきます。**結果、1200万円の枠で25銘柄くらいに分散投資できる**ことになります。

もちろん、1200万円の枠を満たす前に、「どうもこの銘柄は良くないな」と思ったら、その時点でポートフォリオから外して、他の銘柄に入れ替えます。ただし、1日目で説明したように、成長投資枠にはルールがありますので、ここで復習しておきたいと思います。

成長投資枠の年間投資額の上限は240万円です。たとえばある年、240万円の枠いっぱいまで買い付けたとして、そのうち50万円で買った銘柄を外した場合、その年はもう買うことができません。翌年の240万円の枠を利用して買い付けるしかないのです。その分だけ、1200万円の成長投資枠を満たすまでに、余計な時間がかかることになる点は、留意しておく必要があります。

また5年をかけて1200万円の成長投資枠を満たしたものの、その一部を売却して入れ替える場合は、やはり売却した翌年に、売却した分を入れ替える形で買い付けることになります。

枠を埋めてしまうと、売却した年の翌年にならないと買い付けられない、つまり銘柄を入れ替えられないというタイムラグが生じてしまう不便さがあるのです。それでも、旧制度のＮＩＳＡでは枠の再利用ができなかったので、多少の不便さはあるけれども、新ＮＩＳＡは投資家にとっては利便性が高まったと考えても良いでしょう。

課税口座を併用して打診買いする

ところで実際に買う時の注意点をひとつだけ申し上げておきます。

課税口座で投資する場合、私は通常、打診買いからスタートします。たとえば２００万円を投資するとしても、まずは50万円程度を買ってから様子を見るのです。

当然、勘違いで投資してしまったというケースは、けっこうあります。投資してみたものの案外、多くの投資家が買っていて値上がりの余地が小さいことに気付いたとか、この業種が来ると思って投資したものの、それ自体が勘違いだったとか、いろいろあるわけですが、打診買い程度であれば、傷が軽いうちに売却して、他の銘柄を探すことができます。

ただ、このような投資ができるのは、投資する金額に制限が課せられていない課税口座だからです。新ＮＩＳＡの場合、どうしても年間の投資金額が２４０万円に制限され、かつ売却すると翌年にならないと買い付けられないので、やはり投資する際は慎重に吟味してから、買い付ける必要があります。特に、成長投資枠の１２００万円を積み上げるつもりで投資する人は、くれぐれも慎重に銘柄を見極める必要があります。

あるいは、新ＮＩＳＡ口座だけでなく課税口座も併用するという手があります。つまり、**課税口座で打診買いをしておき、これならいけると思ったら、新たにＮＩＳＡの成長投資枠で買い付ける**のです。多少、資金力は必要になりますが、この方法を用いれば、万全の体制で成長投資枠のポートフォリオを構築できます。

その意味では、新ＮＩＳＡといってもそれだけで取引しようとせず、課税口座も活用しながら、本当に良い銘柄だけで成長投資枠のポートフォリオを構築するようにするのが理想的です。

売却を検討すべき3つの方針

では、保有銘柄がどうなった時に売却するべきなのかを考えてみましょう。

ここでは「成長株（特にハイパーグロース銘柄）」「高配当利回り株」「割安成長株」の順に考えていきたいと思いますが、まずはそれぞれに共通する売却の方針から説明したいと思います。

共通する売却の方針は3点あります。

売却方針1 継続的に業績が悪化した時

継続的についてては、通期ベースで2期、3期のことなのか、それとも四半期ベースで数四半期のことなのか、という問題はありますが、ここでは四半期ベースで考えたいと思います。

通期ベースで判断しても良いのですが、昨今の株式市場は判断が極めて短期化しているため、2期、3期で業績を見ているうちに、株価がどんどん下がってしまう恐れがあります。2期、3期と業績の推移を様子見しているうちに、株価が3分の1、4分の1になってしまったら、取り返しようがありません。

したがって、**四半期ベースで見て、2四半期連続、あるいは3四半期連続で業績が前年同期比を割り込む状況が続いたら、売却します。**

売却方針2 調査の結果、投資銘柄が想定よりも悪かった時

当然、投資した後も、折を見て会社情報はチェックし続けるわけですが、自分が投資する際に

想定していたのに比べて、どうも良くないという感じがする時も売りです。たとえば、**想定していたのに比べて業績が伸びないとか、減収減益が続いている**とかいう場合です。

この手の銘柄は、成長株でも、割安株でも投資対象外ですから、売却したほうが良いでしょう。

売却方針3 もっと良い銘柄を見つけた時

年間の投資枠に余裕があれば、ポートフォリオに加えれば良いだけですが、すでに年間の投資枠いっぱいに投資している場合、今、自分が保有している銘柄よりも明らかに良い銘柄が見つかってしまったら、どうすれば良いのか悩むところでしょう。

ただ、投資効率という観点から考えれば、今、**保有している銘柄よりも明らかに良い銘柄であれば、それに乗り換えたほうが、資産を大きく増やす確率は高まります。**

以上3点は、成長株、高配当利回り株、割安成長株のいずれにも共通することなので、このうち1つでも当てはまることがあったら、売却を検討してください。

ハイパーグロース株の売却ポイント

まず、**何と言っても成長率の鈍化です。**

成長株、特にハイパーグロース株は成長率が命ですから、過去20%成長を続けてきたのが、いきなり10%成長に鈍化した時は、売却してください。

特に直近では四半期決算で決算プレイが行われるように、多くの投資家は四半期決算の良し悪しを常にチェックしていますから、**四半期決算の前年同期比で成長率が鈍化してきた時には要注意**です。失望感から一気に売られる恐れがありますから、ここは素早い対応が必要です。

ただ、成長率が鈍化したからといって、闇雲に売却すれば良いというわけではありません。何か特殊事情が生じて、その期だけ成長率が低下しているケースもあるからです。

たとえば、「実態としては増益なのだけれども、のれんの償却が発生したために、業績が悪化しました」とか、「テレビ広告を打ったために広告宣伝費がかさんで、業績が一時的に悪化していますが、いずれ広告効果によって業績は改善されていきます」といった言い訳を会社側がしてきたとして、その言い訳が納得のいくものだとしたら、保有し続けても良いでしょう。

直近だと、世界的なインフレの影響によって原材料価格や輸送料金が値上がりしたものの、受

ハイパーグロース株の売却ポイント

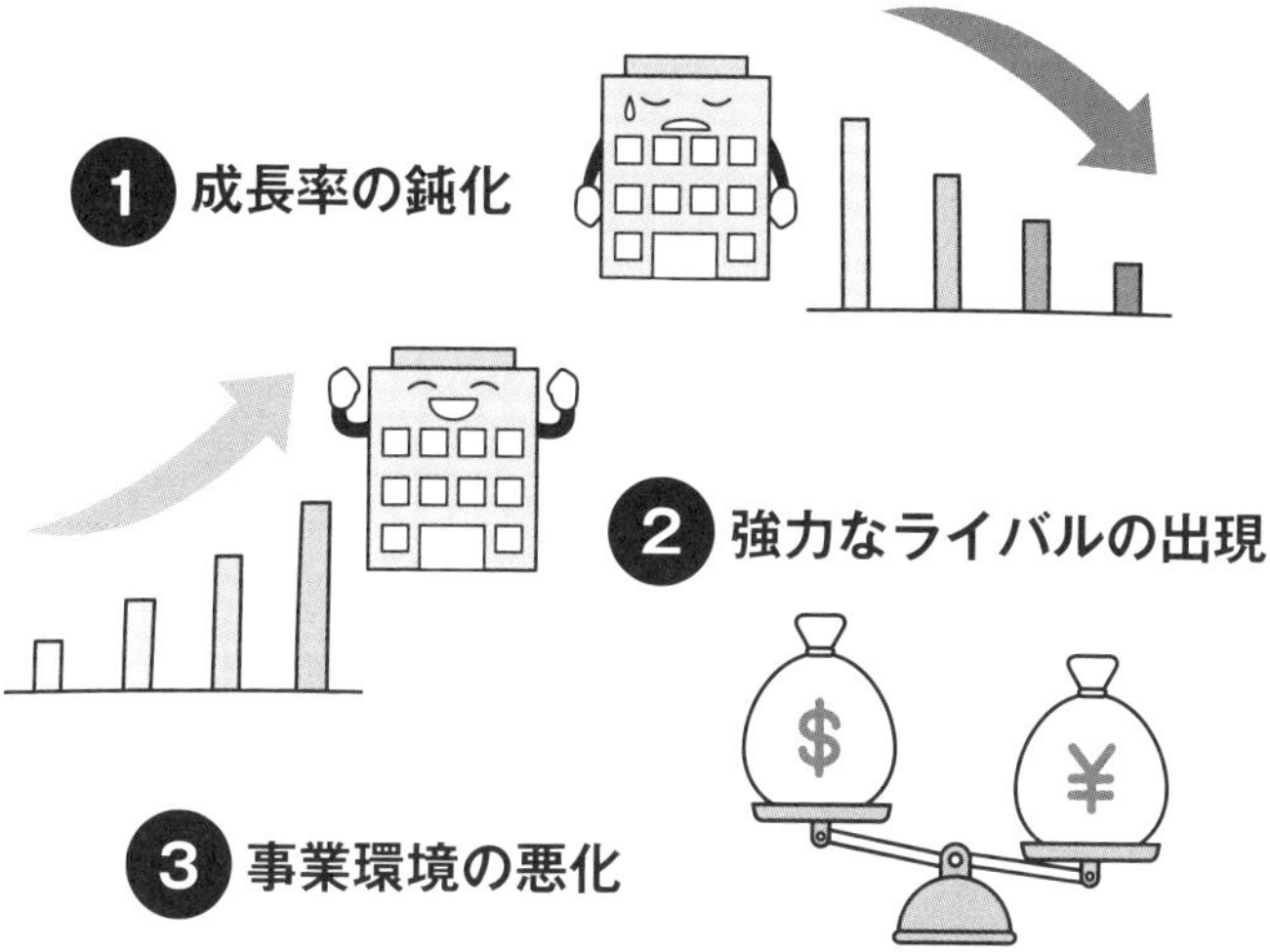

注時に価格をフィックスしてしまったので、現時点では価格転嫁が難しく、そのため利益が圧迫されているといったケースも見られますが、このような場合はインフレを上手く価格転嫁できているのかどうかという点が、ポイントになります。

今の業績が悪化しているとしても、上手に価格転嫁できていれば、来期、再来期の業績が好転する可能性があるので、この場合も保有し続けることをお勧めします。

次に、**強力なライバルの出現です。**

これは間違いなく売りです。たとえビジネス規模が小さいとしても、特にライバルらしいライバルが存在せず、自分のところだけでマーケットシェアをどんどん伸ばしていける状況下であれば、売上や利益の高い成長を維持できますが、**他の会社がそのビジネス領域の魅力に気付いて参入してくると、売上**

や利益がライバル社に奪われ、成長率が落ち込んでしまう恐れが高まります。

しかも、そのビジネス領域を開拓した会社がベンチャー企業で、そのライバル社が大手企業だったりすると、資金力の差で、一気にマーケットを奪われてしまいます。このような状況になったことが確認された時には、手を引くのが得策です。

また、**事業環境の悪化も売り要因のひとつです。**

強力なライバル社の出現もそのひとつですが、たとえば為替レートが大きくブレたり、原材料費や物流、エネルギーなど各種コストが上がったりする、あるいは政策面でこれまで保護されていたものが原則自由化される、デジタル化の加速によって人が必要無くなる、人口減少によってマーケットが縮小する、顧客ニーズが明らかに変化する、といったことも事業環境の悪化につながります。

もちろん、事業環境の悪化が一時的なものであれば、また元に戻ることも想定されますが、極めて不可逆的な、**構造的変化によって生じた事業環境の悪化は、かなり深刻なので、こうした状況に直面した会社の株式は、売却したほうが得策**です。

高配当利回り株の売却ポイント

高配当利回り株に投資した後、ひたすら保有し続けて5%、6%の配当利回りをもらい続けるのが、高配当利回り株投資の王道だと思うのですが、それは資産活用層の投資法です。資産活用層とは、年齢もある程度の高齢になり、資産を成長させるよりは、どちらかというと今ある資産を有効活用し、そこから生活に必要なキャッシュフローを確保していくことに重きを置く層と言っても良いでしょう。そういう投資家なら、保有し続けるというスタンスで良いかと思います。

でも、恐らくこの本を手に取ってくださった方は、高配当を確保するだけでなく、やはりある程度、株価の上昇も狙いたいと考えているでしょうから、それを前提に選んだ銘柄に投資妙味が無くなった時には、他の銘柄との入れ替えも検討する必要があります。

高配当利回り株の投資妙味が無くなるのはどういう時なのかというと、これはとても簡単で、**高配当利回りで無くなる時**です。

当たり前といえば当たり前なのですが、高配当利回り株が買われるのは、5%、6%といった配当利回りの高さを魅力に感じる投資家がいるからです。

高配当利回り株の売却ポイント

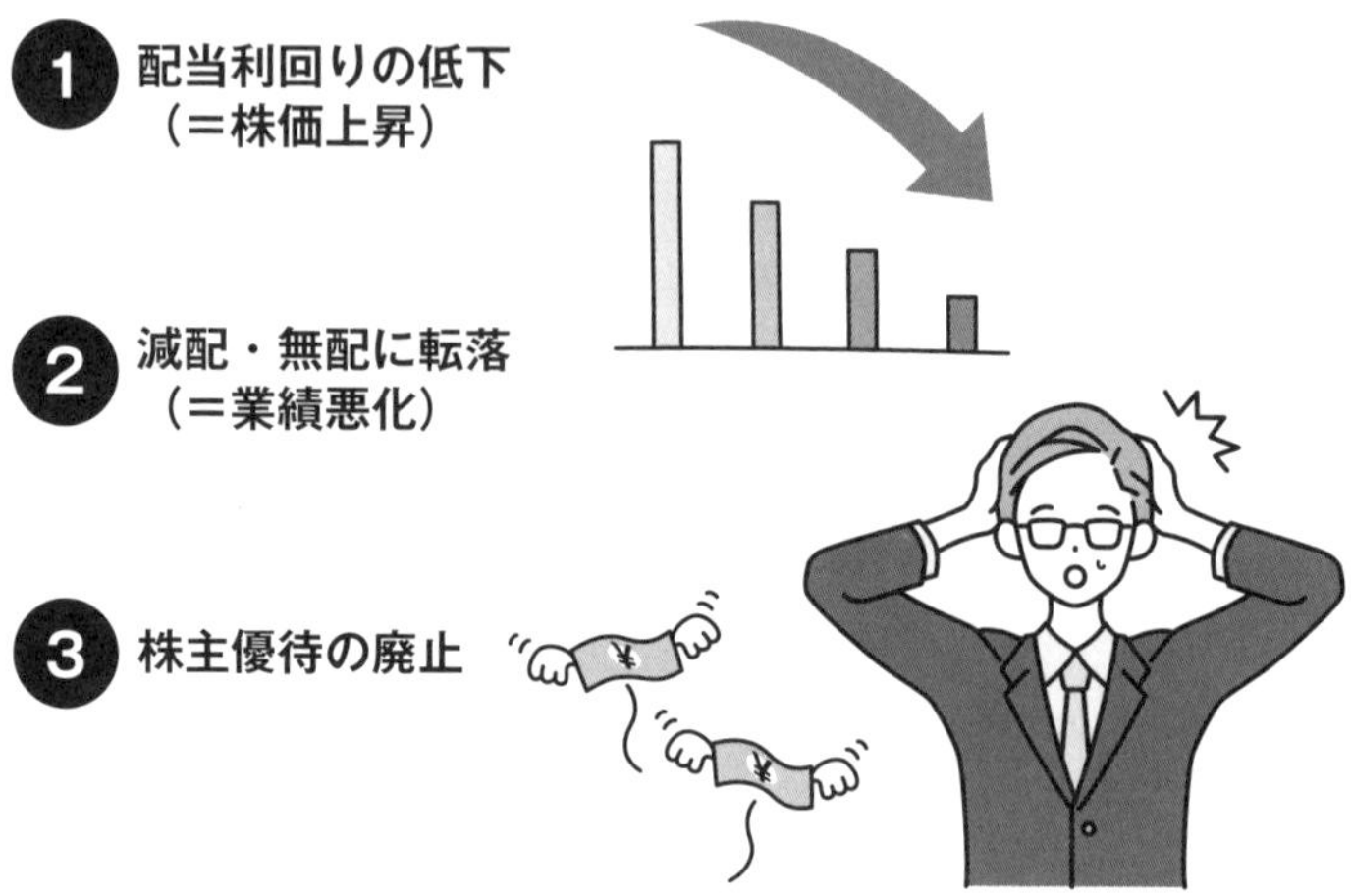

ところが、大勢の投資家が高配当利回りに注目して買い出すと、株価が上昇して配当利回りが低下してしまいます。

もちろん、すでに5％の配当利回りで買い付けた人は、買い付けた時の株価で配当利回りがフィックスされますから、その後、減配にでもならない限りは、株価が値上がりしたとしても5％の配当利回りを受け取り続けることができます。

しかし、新しく投資する投資家にとっては、株価が上昇すればするほど、買い付けた時の配当利回りが4％、3％というように低下していきます。すると、「3％の配当利回りでは投資する魅力がないね」などと思って、徐々に投資する人が減っていきます。結果、株価の上昇にも勢いが無くなっていきます。

繰り返しになりますが、資産活用層で自分が投資した時の配当利回りが維持されればそれで良いという人は、持ち続ければ良いでしょう。

でも、高配当利回りを享受しつつ、ある程度のキャピタルゲインも得たいと考えている投資家は、その時々の株価で計算される配当利回りが低下すれば、そこから先の買いが続かなくなる恐れが出てくるので、保有し続ける魅力が無くなっていきます。そのような時には、他の高配当利回り株への入れ替えを検討する必要があります。

その他には、**減配のリスクを考えておく**必要があります。会社の業績が悪化すれば、配当を減らす減配や、そもそも配当金を出さない無配に転落するケースもあります。一般的に減配された配当金が以前の水準に戻る、あるいは無配転落の会社が復配するまでには、数年の時間を必要とします。この間、低くなってしまった配当利回りや無配状態を我慢するのは、時間の無駄です。

そういう時には、減配銘柄や無配銘柄を売却して、他の高配当利回り株を探して入れ替えるようにしましょう。

また株主還元のひとつとして、株主優待を出している会社があります。なかには配当利回りに加え、株主優待の魅力を加味して銘柄を選んでいる投資家もいます。当然、**株主優待が廃止**ということになれば、この手の銘柄を保有している意味が無くなりますから、これも売却する際の条件になってきます。

割安成長株の売却ポイント

割安成長株は、本来、成長株の株価が、何かの理由で割安な水準で売られているものと考えられますから、基本的にそれを保有した後、銘柄を入れ替える時の売り条件は、前述した成長株のそれと同じです。

そのうえで割安成長株に特有の、売却する際の条件について考えてみましょう。

まず「割安」なのだから、**株価が急騰して割安ではなくなった時**には、さっさと売りましょう。

理由はいろいろですが、ある時、急にその銘柄が注目を集めて、一気に買いが集まり、株価が急騰するということが起こり得ます。

その結果、ＰＥＲが8倍程度だったのに、20倍、あるいは30倍というようになってしまった時は、売却して利益を確定させましょう。

このように株価が急騰した時に売却せず保有したままでいると、株価がピークを付けた後、急落に転じてしまい、せっかく獲得できたはずの値上がり益が全部消えてしまうという事態に直面しないとも限りません。それはあまりにももったいないので、成長投資枠で長期投資することが前提だとしても、柔軟に対応しましょう。探せば他にもたくさん、割安成長株はありますので、

割安成長株が急騰したときのキホン

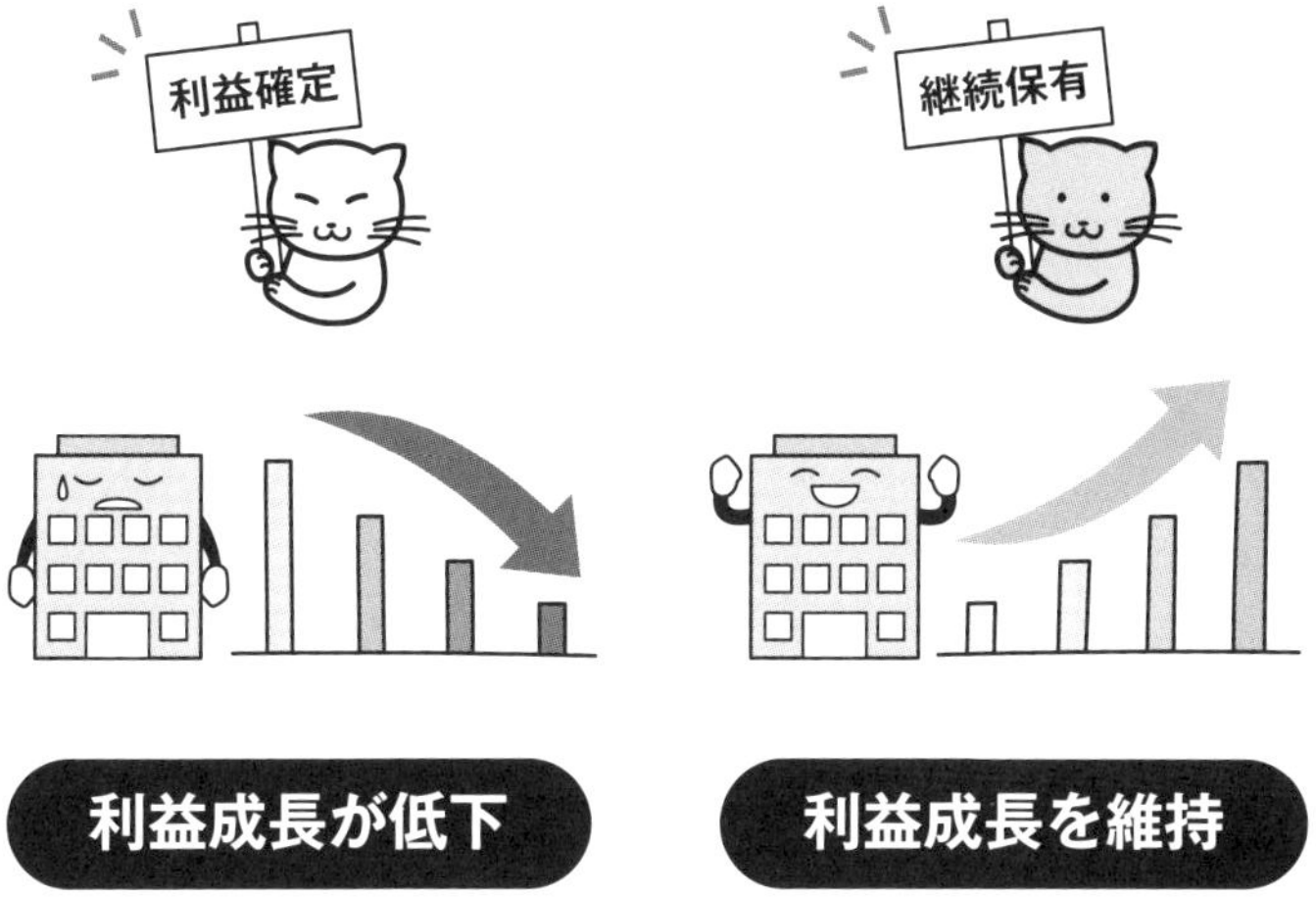

それを探して、翌年の枠で再び買い付ければ良いのです。

これは突発的に起こった一時的な株価急騰にも当てはまります。**せっかくの儲けるチャンスを、成長投資枠で買っているからといって、みすみす見逃す必要はありません。**堂々と利益確定してください。

ただ、例外もあります。それは株価の上昇によって割安感が無くなった後、成長株に進化した場合です。

もともと成長率を重視して選んでいる銘柄ですから、**株価の割安さが解消された後も、会社の利益成長が10%、20%で維持**されていれば、PERが20倍、30倍というように買われていく可能性もあります。このような銘柄であれば、そのまま成長株として継続保有しても良いでしょう。

決算プレイは買い増しのチャンス

2日目にお話ししたように、近年、決算発表が行われると、業績は悪くないのに、なぜか大きく売られてしまうケースがよく見られます。

過去最高益を更新したのに、株価が大きく下げたりしたら、きっと戸惑ってしまうでしょう。「きっと、とんでもない悪材料が出てくるに違いない」などと疑心暗鬼になって、思わず売ってしまう人もいるかも知れません。

でも大丈夫です。これは**「決算プレイ」による一時的な現象**なのです。

株価の短期的な値動きを捉えて売買をし、売買益を狙う投資家の間では、「決算プレイ」などと言われています。いささかギャンブル性がある投資法なのですが、決算内容にサプライズ性があると思われる銘柄を狙って、決算日前に投資し、決算発表が行われたら即、売却するというものです。

それで儲かるのか、と言われると、まあ何とも言えないのですが、儲かることもあります、という程度でしょうか。

ＦＸ（外国為替証拠金取引）でも、この手の短期トレードはよく見られます。特に毎月第1金曜日に発表される米国の雇用統計では、その数字が良いか悪いかのいずれかに賭けて、ドル買いポジション、ドル売りポジションのいずれかに大きくポジションを傾け、当たれば大儲け、外れれば損切りして撤退といったトレードが、行われます。

株式の決算プレイも、それに似ています。**決算内容にサプライズがあるかどうかが全てです。**サプライズがあれば、短期間であるにしても株価は大きく跳ね上がります。しかし、何のサプライズも無ければ、仮に好決算だったとしても、その会社の株式は売られます。

なぜなら、サプライズ的な好決算を期待して買っていた投資家が決算発表後、「なーんだ、普通の好決算じゃないか」ということで、一斉に売ってくるからです。

基本的に、新ＮＩＳＡの成長投資枠で投資している人は、この手の動きに惑わされる必要は一切ありません。

というよりも、**決算内容が良いのに、決算プレイの投資家による売りで株価が下げたのであれば、むしろ買い増しをするチャンスです。**

ファンダメンタルズさえしっかりしていれば、その後から買ってくれる投資家が出てくるので、買い増しした分も含めて利益を最大化できます。

年間投資額に制限のない課税口座なら、決算日前に、決算プレイで買われて株価が値上がりしたところで売り、決算内容が想定していたのに比べて期待外れになって売られて値下がりしたところを買うのが理想ですが、そもそも決算内容が期待以上のものになるのかどうかは、誰にもわかりませんし、私自身について言えば、トレードが下手なので、決算プレイに乗じて利益を上げる取引は基本的に行いません。

特に本書は新NISAで長期投資をするのが趣旨なので、決算プレイによる需給の変化に乗じて売買するのではなく、むしろ決算プレイが過ぎて株価が下落したところは買い、というくらいのスタンスで良いでしょう。

たとえばスターツ出版（7849）の株価を見ると、決算発表が行われた直後に株価が大きく下げる傾向が見られます。決算後に下落するパターンは直近1年が顕著なので、四半期決算後の実際の動きを見てみましょう。

2023年の第2四半期決算日（8月9日）の終値は4240円、翌日の寄付は4100円、終値は3970円です。

同年第3四半期決算日（11月9日）の終値は3830円、翌日の寄付は3655円、終値は3345円です。

同年第4四半期決算日（2月13日）の終値は4170円、翌日の寄付は4380円で、終値は3840円です。

2024年第1四半期決算日（5月13日）の終値は3995円、翌日の寄付は3855円、終

決算プレイに惑わされない

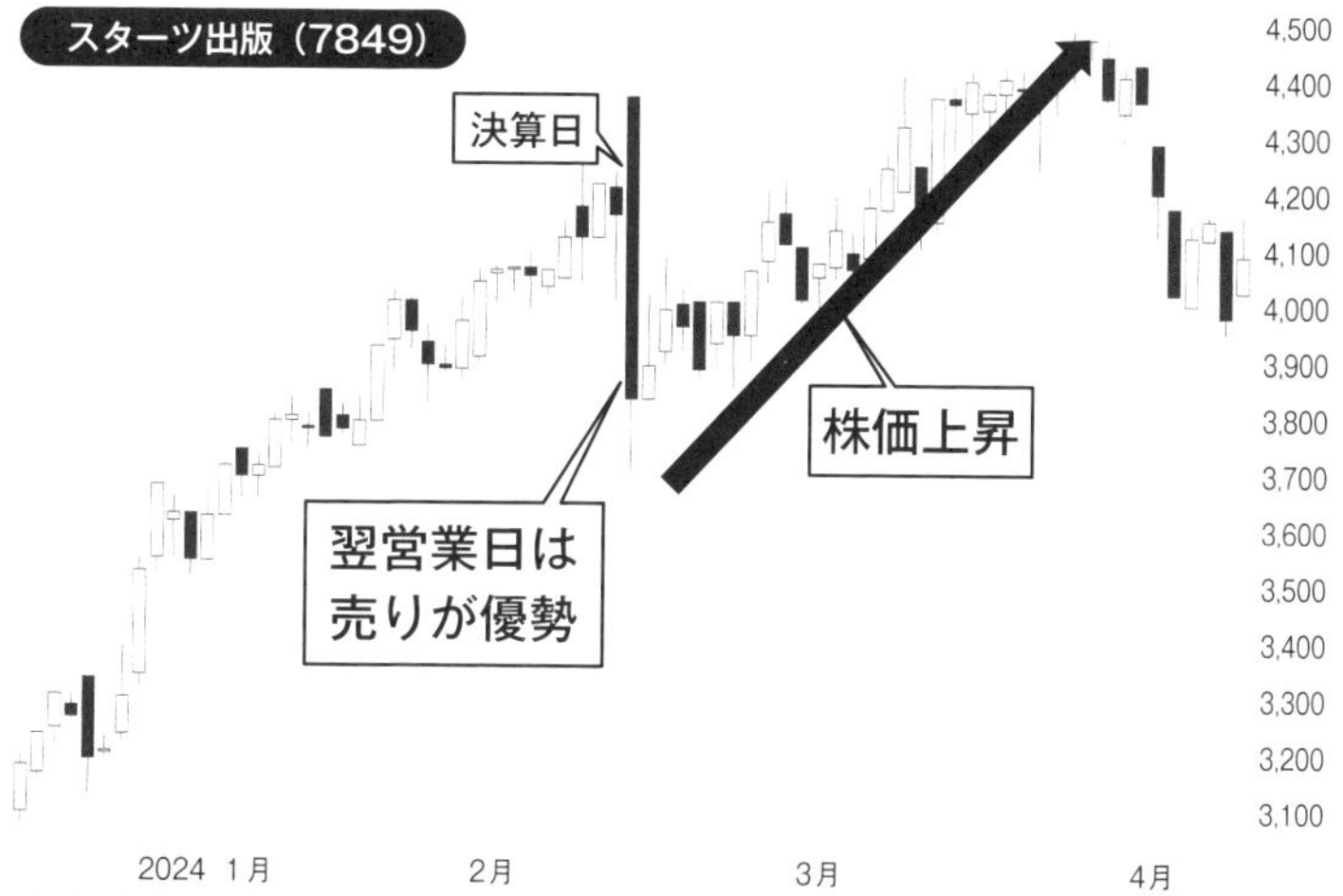

（出所）会社四季報オンライン。

値は3515円です。

このように過去1年分の四半期決算日後の株価動向を見ると、決算が発表された翌営業日の株式市場では、基本的に売りが優勢になる傾向が見られます。

また、決算発表日翌日は出来高が増える傾向があるので、大株主にとって格好の売却の機会になります。恐らく、株価1000円台で大量に仕込んだ大株主が、株価2倍以上となり、決算発表日翌日に利食い売りをしているのでしょう。

売り圧力の結果、この2年間の株価は横ばいですが、業績は成長しており、予想PERは7・5倍と割安さが増しました。そのためか、全く売買が成立しない日も多いほどの閑散銘柄だったのですが、最近は出来高が増えています。

ただ、予想PERが7・5倍の銘柄には十分ですが、最近は成長鈍化傾向も見えますので、新たなヒット作が出るかどうかにも注目する必要があります。

とはいえ、保有し続けていさえすれば、決算発表の翌営業日に株価が下落しても、その下落分を埋めて、株価が回復する傾向があります。

もちろん、同社の業績が着実に成長しているからこそ、このように株価が値上がりしているわけですが、前述したように、ファンダメンタルズがしっかりしている会社の株式を保有しているならば、決算プレイで株価が下げたところは、買い増しのチャンスであることが、おわかりいただけるのではないでしょうか。

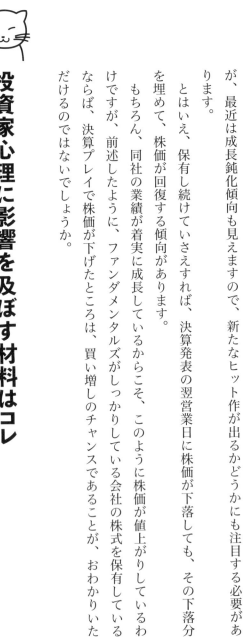

投資家心理に影響を及ぼす材料はコレ

決算は決算プレイを好む投資家の需給動向に影響を及ぼしますが、極めて短期的にボラティリティを高めるだけで、長期的な株価動向で見れば、ほんのわずかな株価のブレに過ぎません。成長投資枠で長期的な投資を行う人にとっては、ほとんど気にしなくても済む動きです。

他にも、短期的に株価のブレを大きくする材料はありますが、決算プレイと同様、長期投資を前提にするのであれば、ほぼ気にする必要はないでしょう。ただ、何が株価のブレを引き起こすのかという点については、頭に入れておいても良いかと思いますので、簡単にここで触れておきます。

①決算：決算結果と想定を比較して、投資判断を決めます。前述したように、決算プレイを行う投資家によって、短期的に株価のボラティリティを高めることはあります。

②中期経営計画：中期経営計画を好感して株価が値上がりすることはありますが、中期経営計画を確実に達成できる保証はどこにもありません。どこまで会社が厳密に将来予測をして中期経営計画を策定するかにもよりますが、その精度に対する疑問がどうしても拭い去れないところがあります。業績目標が低すぎて、業績成長しないことを中期経営計画でわざわざ発表する会社も多いです。業績未達を避けるため、保守的に予想を立てる会社も多いため、良くも悪くも中期経営計画の業績目標は真に受けないほうが良いと思います。正直、公表された時に期待感から買われる程度の材料です。

③株主還元向上：配当性向の向上、ＤＯＥの設定、自社株買いなど。２０２３年以降の株価上昇

の一因は、まさにこれに拠るものでした。中期経営計画に、配当性向など株主還元方針を改善させる方針が書かれている場合があります。増配による株価上昇が狙えるかもしれません。とはいえ、株価の上昇に一番大事なのは成長性なので、それ無くして株主還元を向上させても、その持続性に対する疑問が残ります。単純に株主還元を向上させたからといって、株価が持続的に上昇するわけではない点を理解しておく必要があります。

④**著名投資家・アクティビストの大量保有報告**：私自身はあまりチェックしていませんが、時々「ふーん」と思うのは、たとえばフィデリティのような巨額の資金を運用している投資会社が大株主名簿に載ってきた場合です。その他にも、たとえば光通信（９４３５）などは割安銘柄を中心に投資しているケースがあるので、銘柄を選ぶ際の参考にすることはあります。

⑤**株主優待の新設・廃止**：個人株主を増やすために株主優待を新設する会社がある一方、海外の投資家などが株主優待の恩恵を受けにくいことから、「株主間の平等性の原則」という観点から、廃止する会社も少なくありません。株主優待を廃止するのと同時に配当を増配する会社の株価への影響は比較的中立かも知れませんが、増配など他の株主還元策を打ち出さず、株主優待を廃止するだけの場合は、株価にとってネガティブな影響が出ます。

⑥公募増資など：公募増資の他、ＭＳワラントやライツ・オファリングなどがあります。いずれも会社にとっては資金調達手段です。ＭＳワラントは「行使価額修正条項付新株予約権」といって、前日の株価終値に比べて安い株価で購入できるように修正する新株予約権のことで、これを発行すると総じて株価は下がりやすくなります。またライツ・オファリングは通常の公募増資に比べて株価への影響は小さいと言われますが、公募増資も含めてこの手の資金調達手段は、発行済株式数の増加を通じて、１株あたりの価値を希薄化させることになります。

⑦ＴＯＢ・ＭＢＯ：ＴＯＢは株式公開買付、ＭＢＯは経営陣による買収を指しています。いずれも企業買収に関連することなので、これらが発表されると、ＴＯＢを仕掛けられた会社や、ＭＢＯを実施する会社の株価は、市場で取引されている現時点の株価にプレミアムを乗せられるため、値上がりします。ただし、ＴＯＢやＭＢＯが確実に実行される保証はなく、失敗すれば株価は下落します。また、ＴＯＢを仕掛ける側の会社の株価にとっては、ＴＯＢが成功すれば企業価値の向上につながる可能性が高いため、ポジティブな影響が出る可能性は高まるものの、ＴＯＢの成果が現れるまでには相当の時間を要するため、ＴＯＢ実施のニュースで株価が動いたとしても、短期的な値動きにとどまるのが普通です。

⑧企業買収・統合：株価への影響はＴＯＢに関するものとほぼ同じと考えられます。

⑨為替・金利・雇用統計・ＧＤＰ・金融当局の発言や方針など：為替の円高・円安は、それぞれ輸入企業・輸出企業の株価にポジティブな影響を及ぼしますし、ＧＤＰの数字が良い時も同じですが、この手のマクロ指標の変化が株価に及ぼす影響は、予測不可能で事前に対処できることではなく、時間の経過とともに元の水準に戻るのが普通です。あまり気にしなくても良いでしょう。

以上、①から⑨まで株式市場の需給に影響を及ぼすと思われる要因を挙げてみましたが、長期投資を前提にするのであれば、それほど気にする必要はありません。短期的に株価を下げることになったとしても、それは恰好の買い場を提供してもらったと考えて、買い増しても良いでしょう。

8日目のポイント

□240万円の枠で50万円程度の銘柄を5銘柄程度買い付けることで、最終的に1200万円の枠で25銘柄くらいに分散投資しましょう。

□成長投資枠でも銘柄の入れ替えは必要です。継続的に業績が悪化した時、投資銘柄が想定よりも悪かった時、もっと良い銘柄を見つけた時は、売却を検討しましょう。

□長期投資を前提にするのであれば気にする必要はありませんが、買い場のチャンスになるので、短期的に株価のブレを引き起こす材料について頭に入れておきましょう。

9日目

バブルが崩壊しても乗り越えてきたのが株式市場です！

恐らく暴落は来る

株式投資を長く続けていると、必ず暴落する場面に出くわします。私自身、株式投資を始めてから今に至るまで、何度となくマーケットの暴落に直面しています。

ざっと挙げると、

2006年：ライブドアショック
2008年：リーマンショック
2011年：東日本大震災
2015年：チャイナショック
2020年：コロナショック

という感じでしょうか。他にも細かい短期間の株価急落は何回かあったと記憶していますが、マーケット全体が総売りになるような、いわゆる「暴落」と言えるのは、この5つだと思います。

マーケット全体がどの程度下げたのかを、日経平均株価の直近高値と、暴落してボトムをつけ

過去20年に起きたマーケットの暴落

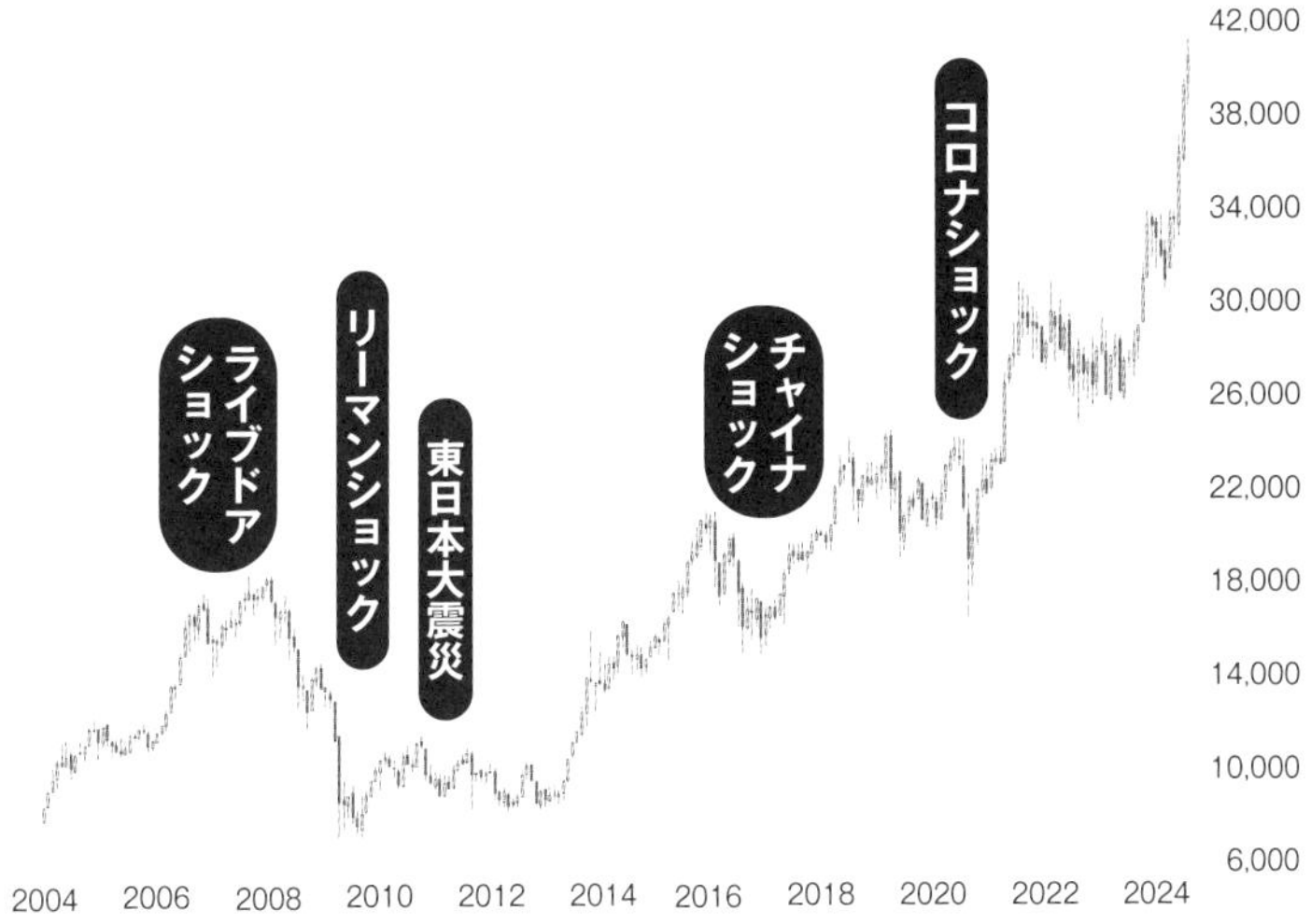

（出所）会社四季報オンライン。

たところまでで見ると、次のようになります。

- **ライブドアショック**：高値1万7563円（2006年4月7日）→安値1万4437円（同年7月18日）＝▲17・8％
- **リーマンショック**：1万4489円（2008年6月6日）→7055円（2009年3月10日）＝▲51・3％
- **東日本大震災**：1万254円（2011年3月11日）→8605円（同年3月15日）＝▲16・1％
- **チャイナショック**：2万868円（2015年6月24日）→1万4953円（2016年2月12日）＝▲28・3％
- **コロナショック**：2万3861円（2020年2月12日）→1万6553円（同年3月19日）＝▲30・6％

私が株式投資を始めたばかりの頃だったのですが、2000年にITバブル崩壊がありました。この時は、直前ピークが2000年4月12日の2万833円で、暴落後のボトムが2001年3月13日の1万1820円。この間の下落率は▲43・3%でした。

今、日経平均株価は1989年12月末につけた3万8915円の高値を更新して、2024年3月22日には過去最高値の4万1087円をつけました。

もちろん、現在の株価水準は、1980年代後半のバブル相場の時のような過熱感はありません。現在、日経平均株価の平均PERは20倍前後ですが、バブルピークの時は60倍程度まで上昇していました。株価水準は過去最高値を更新していますが、市場の過熱感はほとんどないと言っても良いでしょう。

したがって、**私自身はまだ日本の株式は買えると思っていますし、皆さんが日本株で長期投資をすることによって、資産を大きく増やせる可能性は十分にあると考えています。**

しかし、長期で大きく資産を増やしていく過程では、必ず暴落に直面します。まずは、ここを乗り越えなければなりません。

株価の暴落に直面すると、多くの人はその時点で株式投資が嫌になります。特に、新NISAで初めて株式投資を始める人の大半は、株価の暴落と同時に株式市場から退出してしまうでしょう。

持っていた株式を売却しないものの、自分の証券口座を開かずに何もせず、無かったものにしてしまおうという人もいれば、損失がどんどん膨らむのが怖くなってしまい、全部売却してしまう人もいると思います。

どちらもあまり褒められることではありません。前者のほうがまだ投資した株式を持ち続けているので、銘柄選択さえ間違えていなければ、いずれ株価が戻る可能性はありますが、下げが怖くなって売却してしまった人は、恐らく二度と、株式市場に戻ってくることはないでしょう。

私自身の話をすると、ライブドアショックの時は、ピーク時で10億円あった資産が5億〜6億円を行ったり来たりしていました。ただこの時は、前月である2005年12月がとにかくものすごい1カ月で、実に4億円近い利益が得られたので、その泡の部分がライブドアショックで消えただけで、まあ仕方がないと考えました。

きつかったのは、リーマンショックです。この影響は非常に大きく、私の総資産額は2億〜3億円程度まで減ってしまいました。正直、ここまで下げ相場が続くとは思いもよらなかったため、毎日が本当に不安でした。

でも、株式市場から退出してしまっては、株式投資で資産を増やすことができなくなります。

大事なのは、株価の大暴落に直面しても、株式投資をし続けることです。そして、暴落に直面し

た時に、資産の大半を失わないようにすることです。

恐らく、と言うか、必ずと言っても良いと思うのですが、暴落は来るので、株式投資をする人は、このことをしっかり頭に入れておいてください。

10%から30%は普通に下がると思うべし

いざ株価の暴落に直面した時、株価がどのくらい下がるのかを想定しておくのは、一種の精神安定剤になります。

冒頭に、私が経験した株価暴落の下げ幅を書きました。だいたい株価暴落が始まる直前の高値から、ボトムを打つまでの下落率を記しておいたのですが、ざっと見てわかるように、10%から30%の下落で収まるというイメージを持っていただければよいかと思います。

リーマンショックは、他の株価暴落に比べると別次元の下げ率で、実に50%を超えていたわけですが、これは本当の異常事態で、恐らく「１００年に1度」レベルの大暴落だったと思います。

逆に、リーマンショックを参考にして、「株式は50%程度下げるリスクがある」と思ってポジションを取ろうとすると、あまりにもポートフォリオが保守的になり過ぎる嫌いがあるので、逆に利益を最大化するチャンスを失うことになりかねません。

株価は投資家評価なので、**たとえば株価が30％下げたとしても、企業業績まで30％下がるわけではない**という点には、留意しておく必要があります。もちろん、株価の暴落で景気が冷え込めば、企業業績も悪くなります。

でも、業績面から見れば、会社の価値がそこまで落ちることはありません。あのリーマンショックで株価が大暴落した局面でさえ、少額でもきちっと利益を上げている会社はあったのです。ただ、投資家評価は過剰に反応します。なぜなら、「自分のお金が失われる」という想いが前面に出てくるからです。

誰しも、自分のお金を失いたいなどとは思いません。そして実際、株価の暴落に直面して、毎日のように自分が持っている株式の評価額が減っていくのを見るのは、かなりの恐怖です。これは私自身も経験があって、それこそリーマンショックに直面した時は、数億円単位で自分の資産を失いました。

特にハイパーグロース銘柄に投資して暴落に直面した場合、投資金額が30％失われるなどという甘いものではなく、半分、あるいは3分の1、下手をすると10分の1にまで目減りしてしまうケースもあります。

そのようなリスクを負いたくないので、私の場合、最初からハイパーグロース銘柄には手を出

さず、割安成長銘柄を軸にしてポートフォリオを組んでいるのです。そのうえで、投資家評価については宿命だと思って、甘んじて受け入れるようにしています。

投資家評価が下がるのは仕方がない。だけれども、自分の保有銘柄の資産価値が10分の1にならないよう、大暴落するリスクができるだけ少ない、割安成長銘柄でポートフォリオを固めたうえで、投資家評価の下落を甘んじて受け入れるのです。

受け入れるというのは、**暴落した時にあえて何もしない**、ということでもあります。変な色気を出して、これは新ＮＩＳＡではできないことですが、課税口座を用いて信用取引を行い、カラ売りで儲けようなどと考えるのは、却ってドツボにはまる恐れがあります。

「最大で30％下げるのはよくあること」と思って、「ああ、あの時、売っておけば良かった」とか、そういう類いの後悔はいっさいしないようにすること。そんなことを頭に浮かべていると、冷静な判断が下せなくなります。

「何もしない」と申し上げましたが、それは**株価の暴落に乗じて儲けようなどとは考えない**こと、という意味です。積極的に仕掛けることは一切、しなくても良いのですが、多少の対応策は検討する必要があります。

株価の暴落には2種類あります。景気悪化に伴う業績悪化によるものがひとつ。もうひとつは金融危機によるものです。

景気悪化に伴う業績悪化による株価下落は、それほど気にする必要はありません。たとえば日経平均株価でも東証株価指数（ＴＯＰＩＸ）でも良いのですが、株価指数並みの下落率であれば、それは仕方がないということで受け入れるしかないでしょう。

ただし、日経平均株価が10％下落している場面で、自分の保有銘柄の株価が20％下落したとしたら、その時は個別銘柄固有の問題があるかも知れないので、なぜ市場平均よりも大きく売られたのかを調べて、検証する必要があります。

また、景気悪化で株式市場が低迷していたとしても、すべての銘柄がダメというのではなく、探せば投資先はあります。

たとえば神戸物産（３０３８）やサイゼリヤ（７５８１）、Genky DrugStores（９２６７）、大黒天物産（２７９１）などは一般的に、景気低迷局面では強い銘柄なので、マーケットが低迷しているような局面でも、株価が堅調に推移するケースがあります。

景気悪化の時はじっと我慢。これまでの経験から申し上げると、**だいたい3～4年も我慢すれば、景気悪化のトンネルを抜け出す**ことができます。

私の場合、周期的な景気悪化に伴う株価下落の場合は、フルポジションを維持しますが、その時に保有している銘柄がいささか景気動向に左右されそうな場合には、保有銘柄の一部を見直します。基本的にはこのような景気悪化に強い会社の株式に入れ替えておくのです。

この点は、景気の悪化時だけでなく、成長投資枠で株式に投資する人には参考になると思います。なぜなら、成長投資枠は制度設計の関係もあって、頻繁に銘柄を入れ替えたり、売り買いを繰り返したりするのが、やりにくいからです。**成長投資枠で投資する株式は、景気の良し悪しからあまり影響を受けることのない「割安成長株」がお勧め**と言っても良いでしょう。

金融危機なら30%をキャッシュにする

一方で、**逃げたほうがいいのは、金融危機の時です。**リーマンショックはまさにその典型例で、株価は直前高値からボトムまで51%もの下落となりました。このような場面に出くわしてしまった時には、ある程度、株式への投資比率を下げたほうが良いでしょう。

では、金融危機による株価暴落が生じた時、実際問題、どの程度までキャッシュにすれば良いのでしょうか。保有しているポートフォリオをすべて売却してキャッシュにしたほうが良いのでしょうか。

私は30%を目安にキャッシュにしています。なぜキャッシュ30%なのか。それは、金融危機にならずに反発する、本当に大暴落が来る、その2択のどちらが起こっても、想定内の結果に終わ

金融危機のときは30%を現金化

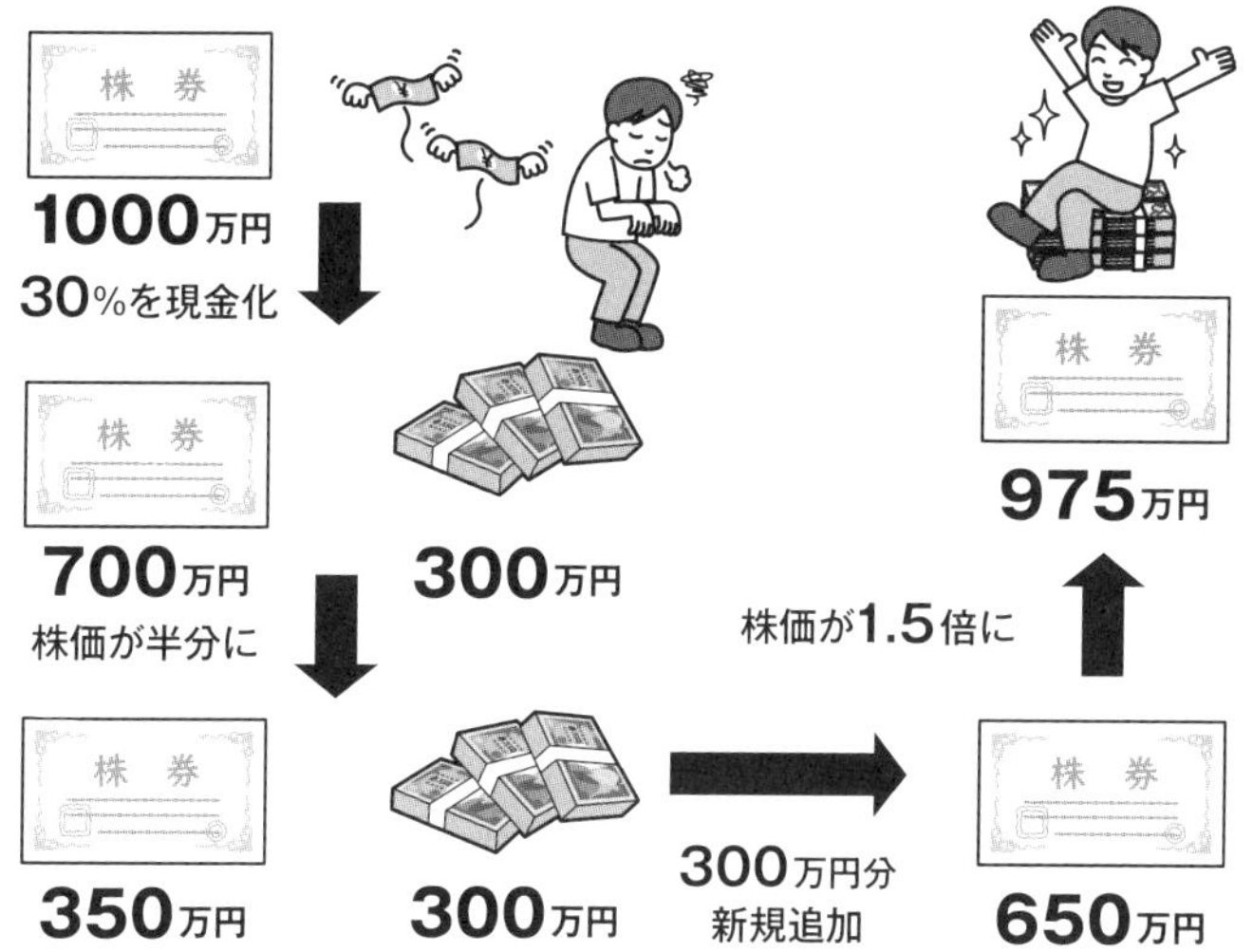

らせたいからです。

金融危機にならずに反発して取り残されても、株式が70%あれば反発の利益を期待できます。株価が半分になるような大暴落でも、65%(株式が半分になって35%+現金30%)残るので、暴落の想定である30%程度の下落の範囲内に収まります。

長期的な収益では株式は現金に勝ちますので、現金化は最小限にとどめるのが基本です。それが30%だと、私は思っています。つまり、1000万円の株式ポートフォリオを持っているとしたら、そのうち300万円をキャッシュにします。

ざっくりとしたイメージで申し上げますが、1000万円の株式ポートフォリオのうち30%を現金化した場合、残りの70%は株式で保有します。金額にすると700万円です。仮に、その700万円が半分になってしまったとしましょう。つまり

７００万円の価値を持っていた株式が３５０万円になったということです。

金融危機が落ち着いた時に、３００万円の現金が生きてきます。３５０万円の株式に、３００万円で新規に追加して６５０万円の株式を保有します。その後、市場が好転して６５０万円の株式が1・5倍になると９７５万円ですから、ほぼ元の水準に戻ります。

たいてい株価が半分になるほど大きく下げた後は、それが1・5倍になる程度のリバウンドが来るので、それを利用して資産価値を回復させます。そのために、私は30％のキャッシュを持つようにしているのです。

金融危機は必ず前触れがある

「30％をキャッシュにして……」などと、さくっと申し上げましたが、恐らく「どのタイミングでそうすれば良いのかわからない」と思った方もいらっしゃるでしょう。どうしたら金融危機がもうすぐそこにまで来ていることを察知できるのでしょうか。

これも私の経験知ですが、**金融危機はある日、突然、来るようなものではありません。必ず前触れがあります。**

リーマンショックも前触れがあった！

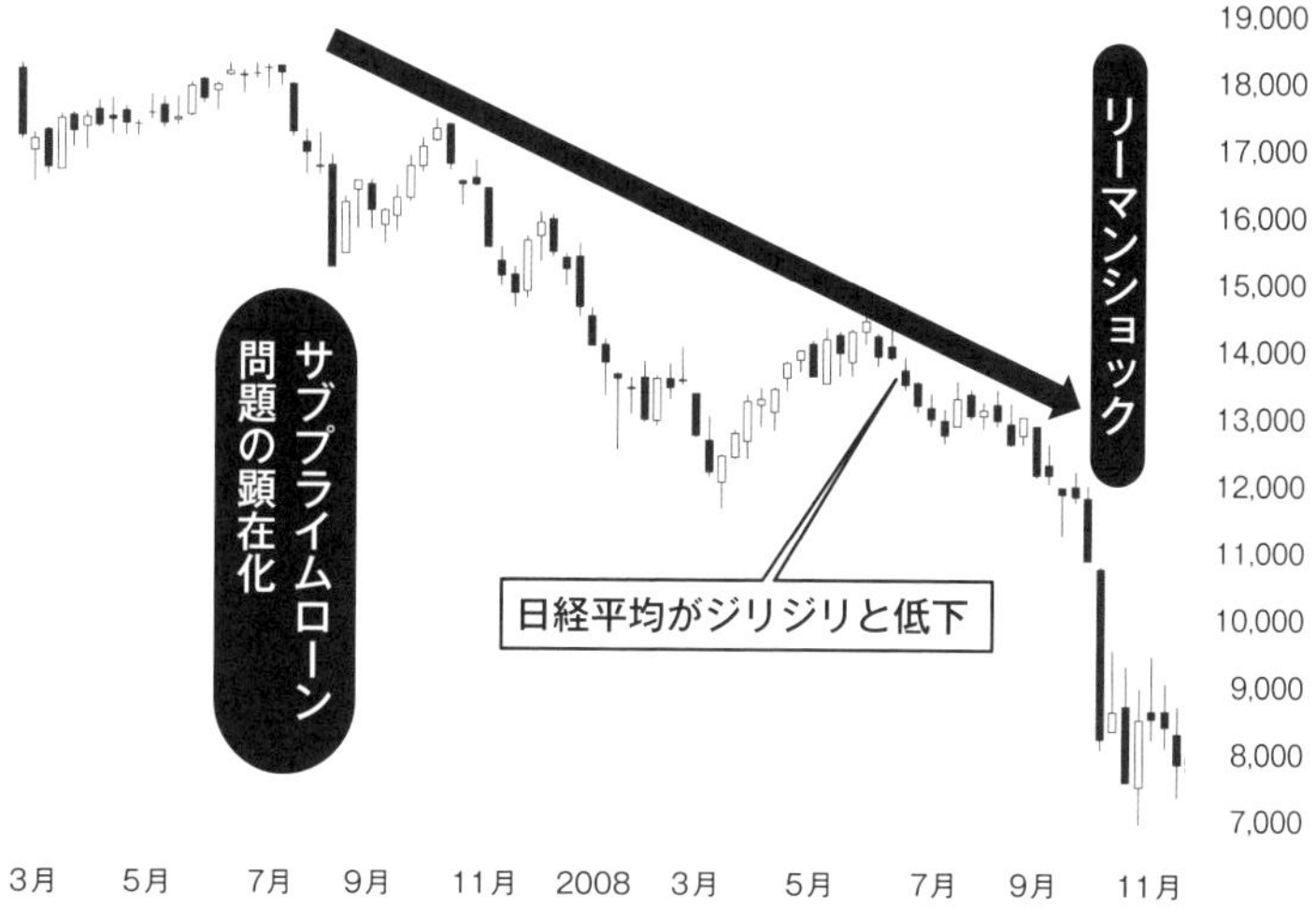

（出所）会社四季報オンライン。

たとえばリーマンショックの前触れは、米国におけるサブプライムローン問題でした。サブプライムローンは、信用力の低い人たちでも借り入れることのできる住宅ローンのことで、当時、これを借りて家を購入した人が大勢いたのですが、2007年の夏くらいから住宅価格が下落し始めたことによって、多くのサブプライムローンが不良債権化したのです。

しかも、それを証券化したものが大量に出回り、多くの金融機関、投資銀行などが投資先として大量に購入していました。2008年に生じたリーマンショックは、このサブプライムローン問題の影響で、同年9月15日に投資銀行であるリーマン・ブラザーズが経営破綻し、連鎖的に世界金融危機へと拡散していきました。

もう一度、この章の冒頭に戻っていただきたいのですが、リーマンショックが起きたのが2008年9月15日ですが、日経平均株価は同年6月6日に、直前高値の1万4489円をつけた後、暴落しました。が、実は2007年のサブプライムローン問題が顕在化した時から、日経平均株価はジリジリと値を下げていました。

2007年7月10日の日経平均株価は1万8252円でしたが、8月22日には1万5900円まで下落。10月15日に1万7358円まで回復したところから、再び徐々に値を下げて、2008年以降、1万4000円台、1万3000円台、1万2000円台というように1000円単位で切り下げていきました。そして10月くらいから、リーマンショックと言われる世界金融危機に伴う株価の暴落が始まっています。

こうした流れを見ると、2009年3月10日に7055円まで下落する前に、何度かこの難を逃れられるチャンスがあったことに気付くでしょう。もちろん、逃れられるか、逃れられないかは、ひとえにリーマンショックの前触れとなったサブプライムローン問題が深刻化する過程で、投資家自身が事の重大さに気付くことができるかどうかにかかってきますし、お恥ずかしい話ですが、私自身もそのことに気付くことができず、大きな損を被る結果になりました。

しかし今、冷静に当時のことを振り返ってみると、株価暴落の難を逃れるチャンスは、幾度となくあったのです。

とにかく、**どこかの金融機関が潰れたというニュースが飛び込んできたら、株式のポジション**

を徐々に下げていきます。

ちなみにリーマンショックの時も、2008年9月にリーマン・ブラザーズが倒産する前に、金融機関のなかに経営不安に陥るところが散見されました。

2007年8月にはフランスの銀行BNPパリバが、傘下のファンドについて新規募集と解約を凍結し「パリバショック」などと言われていましたし、2008年3月にはJPモルガンが、やはりサブプライムローン問題で経営が急速に悪化したベア・スターンズを救済合併しています。

こうした事象が出てきたら、少しずつ保有している株式を売却して、30%のキャッシュを確保するようにします。

また直近では、2023年3月のシリコンバレー銀行とクレディスイスの経営破綻が記憶に新しいところですが、シリコンバレー銀行は米連邦預金保険公社の傘下になり、クレディスイスはUBSが救済合併しました。そのため、両行ともその経営破綻は大事に至ることなく、事態は収拾へと向かいました。

もちろん、自体が収拾するかどうかは、シリコンバレー銀行やクレディスイスが破綻した時点では正直、よくわからないのですが、リーマンショックの時がそうだったように、破綻という事実が顕在化してから、実際に株価が急落するまでには、短くとも1週間程度の時間的猶予はあると思います。

その間に、今回の金融機関の破綻が世界的な金融システム不安につながるのかどうかという点を熟考したうえで、ポジションを3割減らすかどうかを検討するのが肝心です。

株価暴落への心構え

最後に、株価が暴落した時の心構えをまとめておきましょう。

まず、株価の暴落を事前に察知するのは不可能に近い、と考えてください。先に述べたように、株価暴落の兆しがあるのは事実ですが、これに気付くのは本当に難しい。私も何度も痛い目にあっています。

こうした暴落相場にどう対処すれば良いのでしょうか。

もちろん、暴落を事前に察知して、株価が暴落する前に対処できれば大きな問題はないのですが、それ自体が非常に難しいことなので、大勢の人たちにとって**「暴落に巻き込まれるのは避けられない」と考える**しかありません。

ほんの少し、これは精神安定剤くらいにはなるかも知れませんが、短期的に株価が暴落したとしても、その後、株価は常に過去最高値を更新します。

直近の大暴落ではコロナショックが記憶に新しいところだと思います。この時は、２０２０年２月12日につけた２万３８６１円が日経平均株価の直前高値で、そこから３月19日にかけて、１万６５５３円まで30・６％の下落となりました。

この時は新型コロナウイルスの世界的な感染拡大と、世界中の主要都市がロックダウンするという、これまでにない異常事態でしたので、ひとまず３月中旬にかけて株価が大きく下げるなか、とりあえず売れるものは売って、30％のキャッシュを確保しました。

その後、３月20日に株価が急反発に転じました。そこから買い始めて、２０２０年５月にはフルポジションに持っていきました。当時、ウィズコロナ銘柄以外は上がらないという状況だったので、そのなかでＧＭＯグローバルサイン・ホールディングス（３７８８）のようなＳａａＳ銘柄を中心に投資して、辛うじて２０２０年の年間パフォーマンスをプラスに持っていくことができました。

ただ、コロナショックの直後からの動きを振り返ると、やはりこれも異常だったことがわかります。日経平均株価が30％以上も急落した後、あっという間に値を戻していき、２０２０年11月にはコロナショック前の水準を回復していきました。

日本国内でも度重なる行動制限によって経済活動は落ち込み、景気の先行き不透明感を払しょくできない状態が続いたものの、日本銀行、それから世界中の中央銀行が、景気を冷え込ませないようにするため、過剰なまでの金融緩和措置を取ったことが、逆に株価にとってはプラスの材料になったのです。

だから、株価が暴落した時は、ナンピンをする必要もありませんし、新ＮＩＳＡ口座ではできないので、本書を読まれている方は関係ないかも知れませんが、課税口座を使った信用取引で売り建てをするのも止めたほうが良いでしょう。長期投資と割り切り、いずれ株価は最高値を更新すると考えるならば、失うのは「時間」だけです。

また、これも私の経験知ですが、株価が暴落する前は、「まだまだ株価は上がる」といった楽観的なムードに支配されますし、これまで株式投資などに目を向けていなかった人たちも、株式投資を始めたりしますから、株価が大きく上昇します。

暴落の前に暴騰あり。とにかく暴落前の上昇相場で最大限、利益を確保することです。そうすれば、仮にピーク時の株価から30％の下げを被ったとしても、含み益が減少するだけで済みます。

それとともに、**暴落相場を食らったとしても、株価が元に戻ると確信できる銘柄だけでポートフォリオを組む**ことをお勧めします。

9日目のポイント

□長期で株式投資をしていると、必ず暴落に直面します。大事なのは、株価の大暴落に直面しても、株式投資をし続けることと、資産の大半を失わないようにすることです。

□金融危機による株価暴落が生じた時は、30％を目安に現金化しましょう。

□暴落の前に暴騰あり。暴落前の上昇相場で利益を確保しましょう。そして暴落後は、ナンピンや信用取引などはしないで市場の回復を待ちましょう。

10日目

600万円の「つみたて投資枠」を上手に併用しましょう!

つみたて投資枠でリスク分散！

これまで新ＮＩＳＡの成長投資枠を活用して株式に投資して、１２００万円を1億２０００万円にしようという話をしてきました。でも、新ＮＩＳＡの生涯投資枠は１８００万円です。このうち成長投資枠は１２００万円が上限なので、もし１８００万円の生涯投資枠を満たそうとする場合は、残り６００万円を「つみたて投資枠」で満たす必要があります。

ただし、つみたて投資枠は、かつてのつみたてＮＩＳＡを模様替えしたものなので、１日目にお話ししたように、この枠を用いて投資できるのは、投資信託のみになります。

その投資信託も、成長投資枠で購入できる約２０００本の投資信託よりも大きく絞り込まれていて、２０２４年6月時点では、インデックス型投資信託が２３２本、アクティブ型投資信託が49本、そしてＥＴＦが８本の合計２８９本に止まっています。

つみたて投資枠の年間投資枠は１２０万円です。もし満額購入するとしたら、月10万円ずつ投資信託を買い付けていくことになるのですが、もちろん、10万円以下でも問題はありません。何しろつみたて投資枠を含む新ＮＩＳＡは無期限の制度なので、時間をかけて６００万円の枠を満たしていくという使い方でも良いでしょう。

私はつみたて投資枠に、一種のリスク分散という役割を持たせれば良いと考えています。

というのも、1200万円の成長投資枠は、すべて日本株でポートフォリオを構築するのが前提ですから、良くも悪くも、そのリスク・リターンは日本経済、日本の株式市場の動向に左右されます。

もちろん、ここまで説明してきたように、日本の株式市場が大きく下げたとしても、成長への影響が少ない会社を中心に銘柄を選ぶわけですが、そうだとしても、全くの無傷というわけにはいきません。市場平均と同程度か、それよりも下げ率が小さいとしても、多くの銘柄の株価は下がります。

でも、そのような時に日本以外の株式にも投資しておけば、それらの国々の株式市場の値上がりによって、日本の株式市場の下落リスクを、多少なりとも軽減できる可能性が高まります。それを狙って、つみたて投資枠を活用するのが良いと考えています。そうなると、日本株以外の国・地域に投資する投資信託が候補、ということになります。

また、実際に成長投資枠で個別株投資を挑戦したものの、自分に向いていないのか、インデックスの成績を超えられなかったり、利食いや損切りの売却が増えて、成長投資枠の投資金額が積み増せないといった事態もあり得ます。

このような事態に対応するためにも、つみたて投資も行って、逃げ道をつくっておくことをお勧めします。１億円への道は遠くなりますが、成長投資枠１２００万円に満たない分を、つみたて投資枠で埋めることもできます。売却は簡単にできるので、つみたて投資枠の投資信託が不要になったら売却しましょう。クレカ積立のポイント還元もお得です。

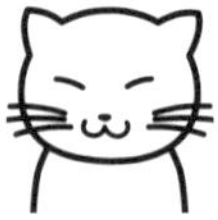

アクティブ型投資信託を選ぶ必要はありません

投資信託は、運用スタイルで「インデックス運用」と「アクティブ運用」に分かれます。

インデックス運用は、ある特定の株価指数などに運用成績が連動するようなポートフォリオを構築して運用するスタイルです。たとえば、日経平均株価が10％値上がりすると、日経平均株価を連動目標とするインデックス型投資信託の運用成績も10％前後値上がりします。

これに対してアクティブ運用は、株価指数などへの連動とは関係なく、より高いリターンの実現を目標にして、ポートフォリオを構築します。つまり、銘柄選択がアクティブ運用の命とも言えるでしょう。

投資信託を購入する時、アクティブ運用とインデックス運用のどちらが良いのか、という議論がしばしば行われます。正直、正解はないと思います。ただし、この本を読んで、成長投資枠で日本株に投資するのであれば、つみたて投資枠でアクティブ型投資信託を選ぶ必要はない、と思います。

なぜなら、成長投資枠を通じて日本株を選び、ポートフォリオを構築する時点で、日本株のアクティブ型ポートフォリオを保有しているからです。

そのうえで、**つみたて投資枠でアクティブ型投資信託を購入しても、運用スタイルの分散につながりません。インデックス型投資信託による積立投資を行えば十分と考えます。**

ちなみに、これはよくある誤解なのですが、アクティブ型投資信託は株価指数を上回るリターンを目指すから、インデックス型投資信託よりも高いリターンが期待できるということ。これは明らかに間違っています。

確かにアクティブ型投資信託は、指数を上回るリターンの実現を目指してポートフォリオを構築しますが、あくまでも目指しているだけです。場合によっては、指数の値動きを下回るリターンしか上げられないこともあります。

前述したように、アクティブ型投資信託は銘柄選択の妙が命ですから、上手に銘柄を選べないファンドマネジャーが運用する投資信託を買ってしまうと、ロクな結果になりません。

この点、インデックス型投資信託は、連動目標が同じ株価指数などであれば、ファンドマネジャーや運用会社が違ったとしても、得られる結果に大差が生じにくいという特徴があります。

それだけ選び甲斐がないとも言えるのかも知れませんが、選び甲斐は成長投資枠の日本株で十分に満たされるはずですから、つみたて投資枠でまでそれを追求する必要はないでしょう。**つみたて投資枠は、あくまでも市場の平均値を実現してくれれば良い**のです。

つみたて投資枠はオルカン一択！

株価指数にはたくさんの種類があります。そして、その数の分だけ、などと言うといささか誇張し過ぎかも知れませんが、けっこうな種類の株価指数に連動するインデックス型投資信託が存在します。

したがって、インデックス型投資信託でつみたて投資枠を満たすにしても、どの株価指数に連動するインデックス型投資信託を選べば良いのかを、考えなければなりません。

まず日本株のインデックスとしては、日経平均株価、東証株価指数（ＴＯＰＩＸ）、ＪＰＸ日経インデックス４００に連動するタイプが揃えられていますが、この本の読者はもともと成長投資枠で日本株のポートフォリオを持つので、**日本株の株価指数を対象にしたインデックス型投資信託は買わなくても良い**でしょう。

次に債券を含めた複数資産に分散したバランス型のインデックス型投資信託もありますが、バランス型を買う人の大半は、投資信託のリスクを軽減したいから買うのだと思います。

しかし、多くの人は多少なりとも現預金を持っていますから、株式を含むリスク資産と現預金の割合で、リスクは調整できるはずです。そうである以上、投資信託単体でリスクを調整する必要は、特にないと考えます。したがって、**債券を含む複数資産に分散したインデックス型投資信託も買わなくて良い**と考えます。

「ライフ・バランス」「ターゲット・イヤー」「ターゲット・デート」といった、あまり聞き馴染みのない言葉がファンド名に入った投資信託もありますが、これも対象外でけっこうです。

新興国の株価指数に連動するインデックス型投資信託はどうでしょう。確かに新興国といえば、「中長期的に高い経済成長が期待できる」ということから、かつてはBRICSといったキーワードによって大いに注目を集めてきたのは事実です。

そういう国・地域の会社に投資して長期間保有し続ければ、きっと高いリターンが期待できるだろうということで、今も高い人気を持っているのは事実ですが、実は新興国で一番儲けているのは、新興国の会社ではなく、新興国に進出して事業を展開している先進国の会社だったりします。

それを考えれば、わざわざ新興国の会社の株式で構成された株価指数に投資するよりも、グロー

つみたて投資枠でリスクヘッジ

1. 日本株以外の投資信託で日本株の下落リスクを軽減
2. インデックス型投資信託で運用スタイルを分散
3. オルカンでOK！

バル先進企業の株式で構成された株価指数に投資したほうが、より高いリターンが期待できると考えられます。

つまり、**新興国の株価指数に連動するインデックス型投資信託も、外してかまわない**ということになります。

だんだん何に投資するべきなのかが絞り込まれてきました。**結論を申し上げると、全世界株式に分散投資するインデックス型投資信託です。**

現状、全世界株式に分散投資したのと同じ投資効果が期待できる株価指数には、「MSCI ACWI（モルガン・スタンレー・キャピタル・インターナショナル・オール・カントリー・ワールド・インデックス）」と「FTSEグローバル・オール・キャップ・インデックス」「MSCIコクサイ・インデックス」などがありますが、基本的にはMSCI ACWIに連動するタイプで良いでしょう。**通称「オルカン」などと言われているインデックス型投資信託です。**

現在、この株価指数に連動する投資信託は14本ありますが、ここから選ぶとすれば、皆さんもご存じかと思いますが、三菱ＵＦＪアセットマネジメントが設定・運用している「ｅＭＡＸＩＳ Ｓｌｉｍ全世界株式」で良いと思います。

ただし、「ｅＭＡＸＩＳ Ｓｌｉｍ全世界株式」には、日本を含む全世界株式に分散投資するタイプと、日本を除く全世界株式に分散投資するタイプとがあります。

基本的に、成長投資枠で日本株のポートフォリオを持つので、どちらを選ぶかと言われれば、日本を除く全世界株式に分散投資するタイプが良いです。とはいえ、オール・カントリーに含まれる日本株の組入比率は、２０２４年４月末時点で５・５％に過ぎないので、どちらを選んでも、大差はないでしょう。

ということで、日本株を除く全世界株式に分散投資するインデックス型投資信託を、つみたて投資枠でできるだけ早く上限の６００万円まで積立購入していくことによって、成長投資枠で投資する日本株のリスクを分散しましょう。

最終的には、成長投資枠で１２００万円の日本株を、つみたて投資枠で６００万円の日本を除くオルカンを、新ＮＩＳＡの１８００万円の枠内で持てるようになれば、新ＮＩＳＡで１億円超えが近づきます。

10日目のポイント

□成長投資枠は日本株でポートフォリオを構築するので、つみたて投資枠にそのリスク分散の役割を持たせましょう。

□つみたて投資枠は市場の平均値を実現してくれれば良いので、インデックス型投資信託で十分です。

□つみたて投資枠は、日本株を除く全世界株式に分散投資するインデックス型投資信託を上限の600万円まで積立購入しましょう。

特別付録

DAIBOUCHOUの保有銘柄ベスト100を大公開します!

本書では、新NISAの成長投資枠を活用して「1億円をつくる」ことを目標に、私が実践している「割安成長株」に「分散」して「中長期」で投資する方法を解説してきました。

4日目にお話ししましたが、割安成長株を探す基準は、ROEが15%程度で、かつPERが10倍程度です。そのうえで、利益がしっかり成長している企業です。私は、会社四季報オンラインのスクリーニング機能を活用したり、投資家のオフ会などで聞いたりした銘柄が本当に投資するのに値するかを徹底的に調べて探しています。

そうは言っても、上場企業は約3900社もありますから、初心者の方が絞り込むことは大変です。なので、みなさんの参考になるように、私が2024年7月19日時点で保有している銘柄のうち、保有金額順で上位100銘柄を公開します。購入価格ではなく、時価評価です。

課税口座の保有株なので、本書で解説している割安成長株ばかりではありません。資産バリュー株や高配当利回り株も含まれています。もちろん、株価指標では資産バリュー株や高配当利回り株でも、利益成長が期待できる銘柄です。

株価上昇の結果、保有上位に上がった銘柄も多いので、結果的に、利食い売りのタイミングの場合もあり、その後売却済ということも大いにあり得ます。現時点で私が保有している銘柄の公開ですから、この銘柄を買えば儲かるという買い推奨では全くありません。

あくまでも、銘柄選びの参考として、これらの会社の業績などを調べてみてください。

DAIBOUCHOUの保有銘柄ベスト100（1～35位）

コード	銘柄名	予想PER	PBR	配当利回り	保有比率
7172	ジャパンインベストメントアドバイザー	20.4	1.6	1.0%	1.9%
8914	エリアリンク	14.9	1.8	2.1%	1.8%
6269	三井海洋開発	11.6	1.4	1.4%	1.7%
7014	名村造船所	9.8	1.9	1.4%	1.4%
1615	東証銀行業株価指数連動型上場投信	0.0	0.0	0.0%	1.2%
5834	SBIリーシングサービス	6.5	1.1	3.3%	1.1%
1909	日本ドライケミカル	6.9	0.9	1.6%	1.0%
9619	イチネンHD	7.4	0.7	3.4%	1.0%
7134	アップガレージグループ	12.5	2.2	2.4%	0.9%
7130	ヤマエグループホールディングス	7.3	0.7	2.5%	0.9%
6294	オカダアイヨン	9.8	1.2	3.1%	0.9%
8473	SBIホールディングス	12.4	1.0	4.0%	0.9%
3475	グッドコムアセット	7.7	2.3	4.1%	0.8%
4783	NCD	10.4	2.4	2.9%	0.8%
3830	ギガプライズ	9.4	3.0	2.1%	0.8%
3131	シンデン・ハイテックス	7.3	0.9	4.0%	0.8%
8117	中央自動車工業	11.2	1.8	2.7%	0.8%
6363	酉島製作所	16.1	1.6	1.9%	0.8%
6062	チャーム・ケア・コーポレーション	13.3	3.3	1.7%	0.8%
2993	長栄	8.3	0.9	4.4%	0.8%
1965	テクノ菱和	10.1	0.8	2.9%	0.7%
4809	パラカ	11.3	1.1	3.1%	0.7%
7849	スターツ出版	7.3	1.7	1.7%	0.7%
6932	遠藤照明	5.6	0.6	2.5%	0.7%
7163	住信SBIネット銀行	15.7	2.9	0.6%	0.7%
208A	構造計画研究所ホールディングス	12.6	0.0	3.5%	0.7%
7561	ハークスレイ	8.1	0.6	3.3%	0.7%
3498	霞ヶ関キャピタル	26.3	5.7	1.3%	0.7%
3480	ジェイ・エス・ビー	9.0	1.7	2.0%	0.7%
5888	DAIWA CYCLE	15.6	1.7	1.3%	0.7%
8157	都築電気	11.2	1.1	3.6%	0.7%
5838	楽天銀行	14.4	2.1	0.0%	0.7%
9621	建設技術研究所	11.4	1.3	3.0%	0.7%
7003	三井E&S	4.3	1.1	0.8%	0.6%
8046	丸藤シートパイル	8.1	0.4	3.8%	0.6%

DAIBOUCHOUの保有銘柄ベスト100（36 ～ 70位）

コード	銘柄名	予想PER	PBR	配当利回り	保有比率
6365	電業社機械製作所	8.6	0.7	3.6%	0.6%
8037	カメイ	7.8	0.5	2.5%	0.6%
3300	アンビションDXホールディングス	5.8	1.4	2.5%	0.6%
7173	東京きらぼしフィナンシャルグループ	5.6	0.4	3.3%	0.6%
7198	SBIアルヒ	20.3	1.0	4.4%	0.6%
3843	フリービット	9.3	2.4	1.9%	0.6%
7949	小松ウオール工業	11.0	0.8	3.9%	0.6%
4617	中国塗料	10.6	1.5	3.8%	0.6%
9115	明海グループ	5.4	0.5	0.7%	0.6%
8908	毎日コムネット	8.9	1.1	4.0%	0.5%
6076	アメイズ	7.6	1.2	2.1%	0.5%
6231	木村工機	8.2	1.8	1.9%	0.5%
146A	コロンビア・ワークス	6.6	1.3	2.5%	0.5%
9418	U-NEXT HD	17.9	3.4	0.7%	0.5%
7148	FPG	13.3	4.1	3.7%	0.5%
9305	ヤマタネ	12.4	0.6	2.8%	0.5%
8291	日産東京販売ホールディングス	7.5	0.6	4.7%	0.5%
6458	新晃工業	14.9	1.7	3.3%	0.5%
7239	タチエス	8.9	0.8	5.1%	0.5%
6623	愛知電機	8.6	0.6	3.6%	0.5%
4072	電算システムホールディングス	11.2	1.5	1.4%	0.5%
3434	アルファ	7.3	0.4	3.6%	0.5%
4540	ツムラ	10.6	1.1	3.4%	0.5%
3561	力の源ホールディングス	17.5	4.7	1.2%	0.5%
2918	わらべや日洋ホールディングス	15.9	0.8	3.5%	0.4%
8214	AOKIホールディングス	14.0	0.8	4.1%	0.4%
4430	東海ソフト	8.7	1.2	3.5%	0.4%
8016	オンワードホールディングス	9.2	1.0	4.3%	0.4%
7467	萩原電気ホールディングス	8.5	0.8	4.7%	0.4%
3004	神栄	5.7	1.0	4.8%	0.4%
9028	ゼロ	7.7	0.9	3.2%	0.4%
8142	トーホー	9.2	1.4	3.2%	0.4%
8934	サンフロンティア不動産	7.2	1.1	3.2%	0.4%
7721	東京計器	21.5	1.7	0.9%	0.4%
9991	ジェコス	8.3	0.5	3.7%	0.4%

DAIBOUCHOUの保有銘柄ベスト100（71～100位）

コード	銘柄名	予想PER	PBR	配当利回り	保有比率
7075	QLSホールディングス	12.1	4.1	1.2%	0.4%
3435	サンコーテクノ	8.0	0.6	2.9%	0.4%
9024	西武ホールディングス	28.2	1.7	1.2%	0.4%
8704	トレイダーズHD	6.7	1.6	3.0%	0.4%
3479	ティーケーピー	12.9	1.8	0.0%	0.4%
2418	ツカダ・グローバルホールディング	5.0	0.9	2.0%	0.4%
3486	グローバル・リンク・マネジメント	5.5	2.0	4.6%	0.4%
3020	アプライド	5.8	0.8	2.8%	0.4%
4979	OATアグリオ	9.8	1.4	3.0%	0.4%
9260	西本Wismettacホールディングス	7.6	0.8	4.0%	0.4%
9267	Genky DrugStores	14.4	2.0	0.4%	0.4%
2767	円谷フィールズホールディングス	9.1	2.3	2.4%	0.4%
2903	シノブフーズ	6.6	0.8	2.7%	0.4%
4116	大日精化工業	5.5	0.5	4.0%	0.4%
5889	Japan Eyewear Holdings	28.0	5.9	1.3%	0.4%
8219	青山商事	8.1	0.4	4.1%	0.4%
6547	グリーンズ	5.6	11.8	1.2%	0.4%
3963	シンクロ・フード	16.2	3.3	0.9%	0.3%
7419	ノジマ	7.3	0.9	2.3%	0.3%
9763	丸紅建材リース	8.4	0.6	4.1%	0.3%
3558	ジェイドグループ	19.4	3.6	0.0%	0.3%
1911	住友林業	12.1	1.7	2.1%	0.3%
7593	VTホールディングス	8.9	0.8	4.7%	0.3%
2689	オルバヘルスケアHD	8.3	1.2	3.9%	0.3%
4404	ミヨシ油脂	6.4	0.6	2.6%	0.3%
5830	いよぎんホールディングス	14.3	0.5	2.6%	0.3%
7683	ダブルエー	14.7	2.2	1.0%	0.3%
8118	キング	15.5	0.5	2.4%	0.3%
8891	AMGホールディングス	5.6	0.6	2.8%	0.3%
7097	さくらさくプラス	8.6	0.9	2.0%	0.3%

※ 投資成否やデータの間違い等、全て責任を負えません。
※ 日本株の投資指標は楽天RSSのデータを利用しています。
※ 株価指標の正確な数字は会社四季報オンライン等でご確認ください。
※ このリストを許可なくネット等に掲載しないでください。

おわりに

最後に、新ＮＩＳＡの「成長投資枠」を活用して、1億円超えを目指す方法をまとめて、本書を終わりたいと思います。

銘柄の選び方や探し方、入れ替え方など、個々の詳しい内容は、該当する日にちの話を読み直してもらうことにして、ここでは大きな枠組みをお話しします。ポイントは次の３つです。

ポイント1　成長投資枠で「割安成長株」に投資

ポイント2　成長投資枠でも銘柄の入れ替えは必要

ポイント3　つみたて投資枠のオルカンでリスク分散

新ＮＩＳＡのメリットは、期限もなく、配当や利益に税金がかからないことです。なので、つみたて投資枠で投資信託をこつこつ積立購入する人が増えています。

ただ、つみたて投資枠では投資信託しか買えませんし、しかも成長投資枠分と合わせても1800万円という上限があるので、いま20代、30代の人なら可能性はありますが、50代以上になると、1億円超えを目指すのは難しいです。なので、新NISAで1億円超えを目指すのなら、成長投資枠で日本株を購入するのが近道になると思っています。

これまで繰り返し述べてきましたので、もうおわかりだと思いますが、成長投資枠で投資するのは「割安成長株」がいいです。株価が安いので、年間240万円でも5銘柄くらいは買えますし、長期保有で大化けすることも期待できます。1200万円が1億2000万円になるのも夢ではありません。

もちろん、銘柄の入れ替えは必要です。成長投資枠だからといって、一度買ったらずっと持ち続ければ良いわけではなく、買った銘柄が想定以上に上がったら利益確定すべきですし、決算発表で業績が悪ければ損切りを検討すべきです。

また、株式投資には絶対がないので、リスクを分散することも大事です。この点で新NISAは「つみたて投資枠」が活用できます。日本株以外の全世界の株式に分散投資するインデックス型投資信託を積立購入するのです。

この3つのポイントを押さえておけば、年齢や投資資金に関係なく、成長投資枠を活用して、

1億円超えを目指せると思っています。

はじめにでも述べましたが、成長投資枠の元本ベースで1200万円を10倍にできれば、1億2000万円の資産を築くことができます。これに年金が加われば、恐らく多くの人は老後の心配をせずに生活できるはずです。

「新NISAで1億円をつくる」

これを目標にして、まずは「割安成長株」を探すことから始めてください。

本書で解説してきたことは、成長投資枠での投資だけの話ではありません。私が課税口座で行っている超分散投資と同じです。投資資金や分散する銘柄数が大きくなるだけで、基本は一緒です。年間投資額の上限がない分、機動力も高まります。

新NISAの成長投資枠で、株式投資のスキルが高まって、資産が期待以上に増えたら、ぜひ課税口座での超分散投資にも挑んでください。

2024年7月

DAIBOUCHOU

【著者紹介】

DAIBOUCHOU（だいぼうちょう）

個人投資家。1973年生まれ。東京都在住。各企業の財務諸表分析を中心とした、割安成長株への超分散投資を得意とする。会社員時代の2000年に200万円の元手から株式投資を始めて、約4年で資産が大膨張して「億り人」になる。ところが、専業投資家になったとたんに、ライブドアショックやリーマンショックの影響で資産が大暴落。その後、安定重視の中長期投資にシフトして、資産10億円を達成。その投資経験や知見を個人投資家に伝え、株式投資の成功者を増やすことがライフワーク。会社四季報オンラインで「DAIBOUCHOU流 超分散投資」を連載中。著書に『DAIBOUCHOU式 新・サイクル投資法』（宝島社）がある。

バリュー投資の億り人が教える 新NISA「成長投資枠」で1億円
10日で学ぶ10年10倍株の探し方

2024年 9 月10日　第1刷発行
2025年 3 月28日　第3刷発行

著　者――DAIBOUCHOU
発行者――山田徹也
発行所――東洋経済新報社
〒103-8345　東京都中央区日本橋本石町 1-2-1
電話＝東洋経済コールセンター 03(6386)1040
https://toyokeizai.net/

装　丁………萩原弦一郎（256）
D T P………玉造能之（次葉）
イラスト………村野千草／かもゆうこ／次葉
印　刷………ベクトル印刷
製　本………ナショナル製本
編集担当……水野一誠

Printed in Japan　ISBN 978-4-492-73370-7